VARIOS ESCRITOS DE LUIS ARMANDO ROCHE DUGAND

15 DE FEBRERO DE 2018

¡No me joda, viejo, dígame dónde está escondío!

Mientras más viejo me pongo, sé que no sé nada: Aristóteles.

CONTENIDO

- 1. INTRODUCCIÓN
- 2. CAPÍTULO 1 – PRINCIPIO
- 3. CORBATAS
- 4. CAPÍTULO EN BLANCO
- 5. INSPIRÁNDOME
- 6. PLAZA FRANCIA
- 7. MUSICALITY
- 8. NEOCROFÍLIA
- 9. LA IMPROVISACIÓN COMO TÉCNICA INTERPRETATIVA Y EL HUMOR EN EL CINE DE LUIS ARMANDO ROCHE
- 10. EL ANCIANO VON HUMBOLDT ESTÁ SENTADO FRENTE A SU ESCRITORIO Y ESCRIBE
- 11. YOYO
- 12. VINOS DE OREGON, CATADOS POR UN CINEASTA Y UNA PRODUCTORA FRANCESA
- 13. JUANA LA CALAMIDAD Y EL DR. JAMES BARRY, HIJO DE MIRANDA
- 14. ERIK SATIE
- 15. LUIS BUÑUEL
- 16. AMOR
- 17. RESTAURANTES DE PARÍS
- 18. RESTAURANTES DE MADRID

- **19. MI HERMANO MARCEL ROCHE**
- **20. PIOTR KOWALSI MAITENANT**
- **21. IGNACIO "INDIO" FIGUEREDO**
- **22. PIERRE RENE DELOFFRE**

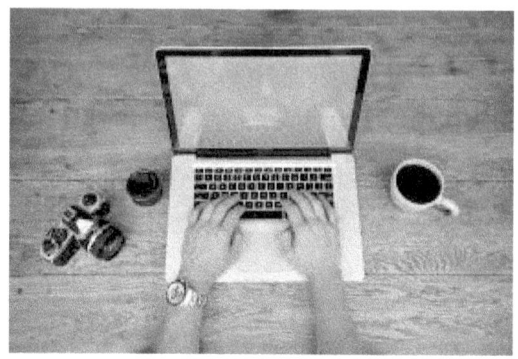

INTRODUCCIÓN

Escribir es gozar. Buscar es mejor que nada. En este libro buscaremos, gozaremos, y continuaremos gozando.

Por ejemplo:

¿Qué será que no será que detrás de la puerta está?

Contesta:

5

La escoba..., o una persona escondía... dentro de la escoba... o una salamandra, o un piano Steinway echáo a perder, o siete ratones cocineros, o un millón de "cosas" que no sabemos que son (¿), o siete sillas eléctricantes, o un escribiente famosamente terrible, o un faro de luz titilante, o un sonidista sordo, o un camarógrafo sindicalero, o un banderillero, amigo de César Girón, o un maduro deshechado, o una bailarina "en pelotas", o un escribidor de esta lista, o un rabipeláo en cinta de dos rabipeláos con pelo rojo, o trescientos mil cuatrociento cincuenta y ocho balas frías, u otras perdidas, o un tanque nazi, o varios soldados franceses heridos, o una cantante calva, estilo rinoceronte, o una botella que dice "ni vodka, ni wiski, solo chicha", o veintisiete payasos de un circo mejicano abandonado por su sindicato, o treinta enanos horripilantes, o cien mil leones sonrientes de la Metro Goldwyn Mayer, o un hombre y su esposa cañones de un circo que no existe, o una página de música galáctica, o diez "quien sabe?", o dos biografías falsificadas, o demasiadas "fake news", o sopotocientos carburadores Weber, o un Yaris enamorado de la luna, o un T Bone volador, o una salsa bendita, o una cantidad insuficiente de ranas cantantes, o tres hierbas malas, o una impresora HP que no imprime sino cuando quiere, o cinco direcciones de casa, o tres barriles de agua con miel, tres óperas exlosivas, o un célebre hermano, o un Magritte remunerado, o cien mil quinientos joenescos, o sopotocientos mil quinientos sesenta y seis "nadas", o un solo Borges, o cinco gucharacas transparentes, y un "raton labeur"...

Final del comienzo.

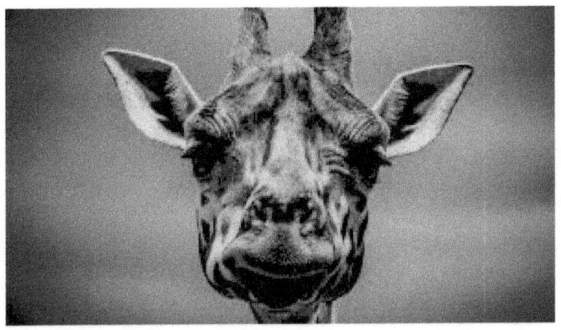

CAPÍTULO 1

Lo mejor es por el principio... ¿pero cual principio?...

Cada vez que pienso en algo me doy cuenta que estoy haciendo "algo", pues pienso...

Reflexionar es algo mucho más difícil, pero voy a hacer esto último antes de seguir.

REFLEXIONANDO

Ahí me vino la idea. Voy a conversar sobre las corbatas.

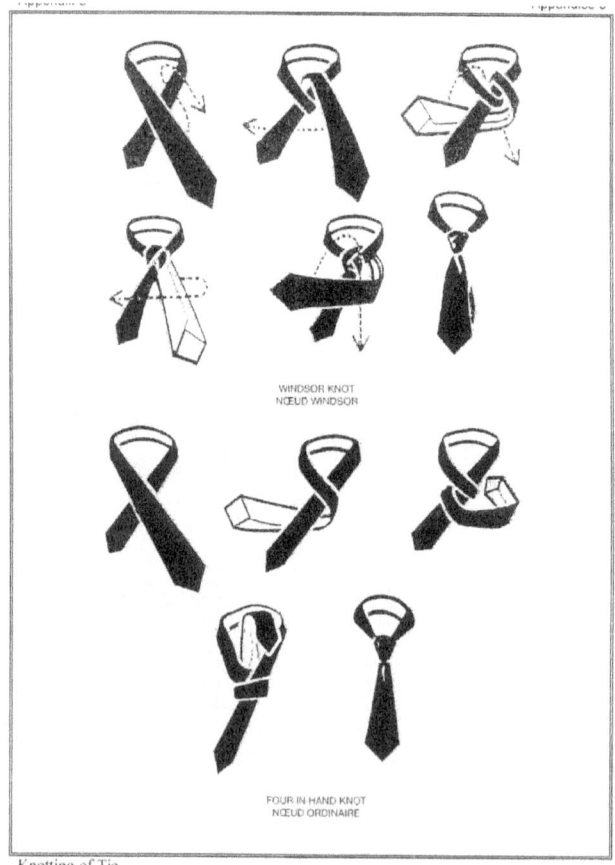

Knotting of Tie
Nœuds de cravate

CORBATAS

De cuellos y de gente....

Érase una vez, un príncipe que tenía frío al cuello... llegó un ladrón con dos zancos puestos, *"para moverse más rápido"*, decían, aunque el ratero nunca tenía claramente hacia dónde se dirigía o porque trabajaba de "limpia arena" de lo que cagaban los elefantes de un circo.

Pocos sabían, y el bien lo escondía, que el estaba pautado para ser ejecutado por ser culpado por un juez de haber perpetrado un tedioso crimen sobre una joven y hermosa trapecista. Lo colgarían hasta *"que su vida dejara de ser"*. Caminando por un jardín se cruzó con un caballero noble que se paseaba tosiendo. Se dirigió al señorial personaje:

"Su Realeza, no es posible que una persona de su alta calaña permita que un vientecito de sopla del nor/noreste y que los navegantes a vela apodan "Aliséo", pueda causarle tos... bronquitis y hasta pulmonía. Permítame colocarle esta hermosísima corbata púrpura alrededor de su degolladero, que lo mantendrá más que recalentado, y susurró: "hasta que vuestra vida deje de ser"...

Mientras tanto el forajido le iba ilustrando como se elaboraba el famoso nudo "doble Windsor", que utilizan los más elegantes y poderosos de

Wall Street. El soberano sacó ocho Luises de Oro de su cartera y se los entregó al malhechor que, antes de *"lo que espabila un cura loco"*, desapareció en dos zancadas por la esquina más cercana.

Su alteza tuvo solo tiempo de ceñir alrededor de su guargüero el nudo doblemente celebérrimo, que un agente de la ley lo apresó culpándole del horrendo crimen circense. Resulta ser que la corbata púrpura es la señal oficial del que lo porta es un facineroso...

Las corbatas nacen de un nudo, a veces para apresar a un animal o a un novio. La recomendación es que no uses corbatas... más bien usa un revolver.

No le tengas miedo al *Aliséo*, que no es solo un viento sino que puede traer consecuencias mayores. ¡Anjá!

CAPÍTULO 2

¿Ahora qué? Voy a dejar dos páginas o capítulos en blanco, mientras me llega la inspiración...

CAPÍTULO 3

INSPIRÁNDOME...

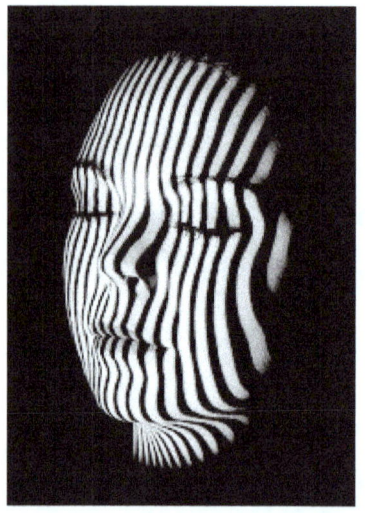

CAPÍTULO 4

Decidí conversar, un poco, sobre mi familia

y la Plaza Francia, originalmente Plaza Altamira.

PLAZA FRANCIA

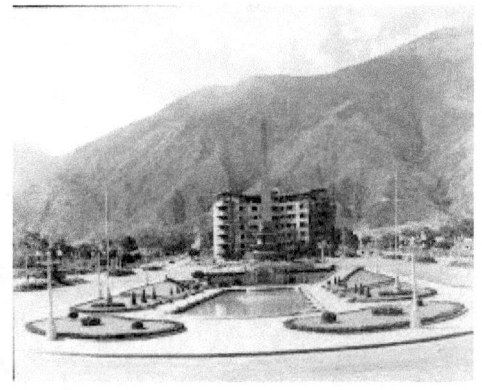

La próxima ilustración soy yo con 14 años frente al Edificio 5, el primero construído en la Plaza Altamira. La mancha blanca a mi lado debe ser un fantásma terrible...? ¿Será de alguna ópera nefasta?

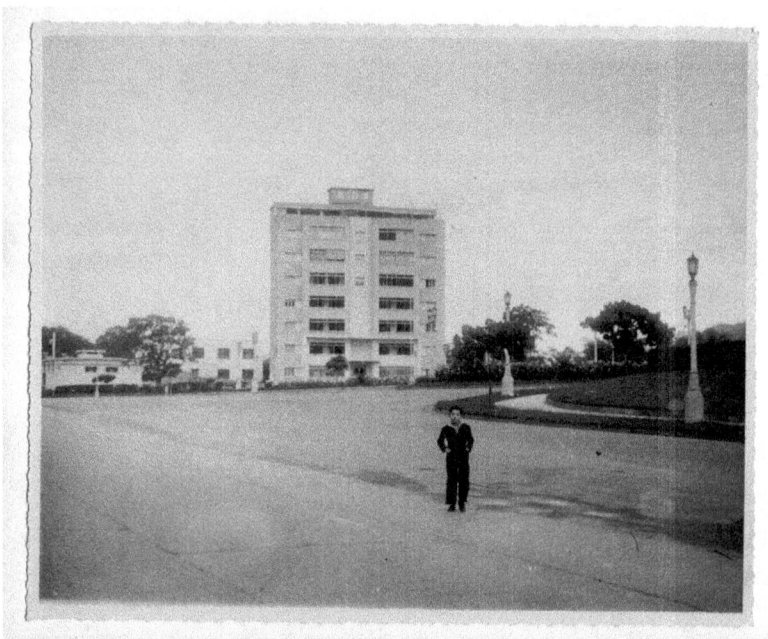

Luis Armando Roche Dugand parado frente al edificio 5, el primero construído en la Plaza.

La Plaza Altamira, o luego llamada **Plaza Francia**, fue diseñada por mi padre el urbanizador venezolano **Luis Roche**, alrededor del año 1944. La inspiración de esa Plaza son de las Plazas de París, Francia (Place de la Concorde, La Place Vendome) o la Gran Plaza de Mayo de Buenos Aires.

Los terrenos de Altamira fueron originalmente vendidos a 25 Bolívares el metro... Todos los que compraron en esa época quedaron muy amigos de mi padre. La plaza es extensa y, en metros cuadrados, significaba una fortuna, pero antes que todo mi padre quería hacer algo que beneficiara a la gente.

Hubo un arquitecto húngaro que se llama de apellido **Kahn** que colaboró en el diseño de la plaza y del edificio Altamira. Era pianista y un hombre muy querido.

La familia Roche (mi padre) y la de los Dugand (mi madre).

Comenzaré con los Roche. Mi abuelo, que llamábamos **Pepé** nació en Caracas de padres franceses. Era un hombre jovial y querido. Siempre iba a su casa para que me contara cuentos. Cuando joven tuvo una zapatería y fábrica de camisas **(Roche y Cia).** Mi abuela **Blanche**, que llamábamos **Memé** era francesa y "templada". Sinembargo siempre me entendí con ella. **Mi hermano Marcel**, me encargó de investigar las raíces de Roche, que para él venían de Irlanda. Así lo hicimos, mi esposa **Marie-Françoise** y yo, y llegamos a la conclusión de que los Roche originales venían de Cork en Irlanda.

Ahora los Dugand. Mi madre nació en **Rio Hacha, Colombia**. Era una entre 14 hermanos. Su padre era Cónsul de Francia de Colombia y Panamá. Además, era banquero. Mi abuela era de origen italiano **Gnecco**. Sus hijos varones, todos pelearon por Francia en la 1era Guerra Mundial. **Armando fue botánico y creador del Jardin de Plantas de Bogotá.**

Mi padre fue a pedir a mi madre para el matrimonio a los padres, los Dugand que vivían los Dugand en esa época y, **se casaron en París**. De esa unión nacieron 4 hijos: **Liliane, Marcel, Beatriz (Titita), y yo de último, después de quince años de Beatriz (Titita).**

Del que me interesa hablar es de mi hermano el **Dr. Marcel Roche**. Estudió en Paris en **el Lycée St. Jean de Sally**. Cuando vino la Segunda Guerra Mundial mis padres lo enviaron a los Estados Unidos donde estudio pre-medicina y luego Medicina en la **Johns Hopkins University**. Siguió en la **Harvard University** y luego en **la Universidad Central de Venezuela**. Tuvo consultas médicas Endocrinólogicas en el mismo consultorio que el **Dr. Francisco De Venanzi**. A la caída de **Pérez Jiménez,** tomó las riendas, del que a la época llamaban **Instituto del Microscópio de Diamante en los Altos de Pipe**, con ese solo departamento funcionando. El nuevo grupo, **Marcel lo llamó Instituto de Investigaciones Científicas (IVIC) con más de 30 investigadores, en múltiples secciones, algunos liderados por venezolanos y otros por investigadores de fama, importados. Desde allí fundó el CONICIT que engloba todos los centros de ciencias en el país. Marcel fue además chelista y poeta y presidente de la sección venezolana de la UNESCO en París.**

Soy escritor, cineasta y director de cine, teatro y ópera. Estudié cine en París en el **Institut des Hautes Études Cinematographiques (IDHEC)**. He realizado, en cine, más de 25 cortometrajes y medio metrajes y cinco largometrajes. Tengo el honor de haber recibido el **Premio de Cinematografía en 1999**. **Tengo 4 hijos hermosos:**

<u>Beatriz</u>, fotogafa y escritora.

<u>Álvaro</u>, diseñador de modas, actor, y ahora administrador de restaurantes.

<u>Nadine</u> vendedora de arte por internet.

<u>Alonso</u>, chef y socio de su hermano Álvaro en los restaurantes en los Estados Unidos de Norteamérica.

CAPÍTULO 5

MUSICALITY

My mother died yesterday, but I went on singing and "harding" the piano ... until I met Joy...

- Play with your food and you won´t get fat... but your heart will turn to dust.
- Latin America is "a dream" lighter than a brick, but to one that you can certainly dance to it.
- "Echar un pie". (Trow a foot?)
- My Latin America, "my LA" as I call it, does not resemble LA - Los Angeles since the movie stars or technicians in "my LA" make believe that they exist but they barely live. Bad pay and lots of work... The strained political situation takes care of that. I´m not criticizing "living", since generally it´s considered better than death.

Fren (it could have been frenetic but my friends call me Armandillo) but Fren is my real name and I was born at an early age as a "piano-man" in Caracas, Venezuela. I play it as a songbird instead of a shitbird. My whole last name is Fren Gluck Shankar. I wish I had been born in a faraway land where the musicians play Bach and Joe Cuba on "tabla" every day and night together, or alone. Piano is my ecstasy and I perform it intensely, from the outside, but I could, or do, play it from the inside. You could say that I have an eidetic memory for music. Actually the inside of a piano is like a woman, and her strings are tight needing letting go.

Joy Milagros (they're not sure of their father's name: see in a while the name I invented) is my lover. She did not come to see me today since she is playing around with Jacinto her younger brother. Joy, I don't use the Milagros part. I consider that Joy is enough for me, is sometimes moody but always ready "to break a leg", a piano leg that is, and dance her heart out. Her first name comes from the city of Calcutta (City of Joy) in India where her father, apparently, was born decades ago. But I have not found confirmation of this so have made it like I can make him up. Her second name, Milagros (Miracle) is a sort of Venezuelan appellation, and it very seldom happens. Her mother was born in the city of Maracaibo on the frontier with Colombia. Hermenegilda Perez Alfonso, her mommy, is of indigenous guaijiro descent. Although she thinks she knows - women always seem to know these things - but she's not sure who Joy's biological father actually is. Joy is a singer, a poet and a dancer. ¡And how she dances! She adores to "echar un pie" (throw a foot, again) as the Cubans call it when they hop-around to the "tumbáo" of their music.

Jacinto, I call him an *"excuse machine"* because he loves to say he didn't ever "come"... is Joy's brother, as I said before, and I will continue to say it until I am more sure of it. Jacinto is currently studying second year of medicine and helping me - at night - with my piano gigs. He shines the ivory keys to a bright polish with bicarbonate of soda and an old toothbrush. Jacinto is taller and younger than Joy and is losing his hair at 20. He bites his nails, not out of anguish but out of hunger. Personally I don't bite my claws. Jacinto is a one human being amid anyone else's thousands. He plays the saxophone alto. We accompany each other but we never sing-along our melody since it doesn't sound the same as the one I wrote. "It's all inside our head" - he tells me – *"like inner dancing"* - I reply... A ghost of a whale of an undertaking, and lighter than a brick.

Joy is an enchantment. She is taller than me, which is not unusual since I am dwarfish, and she has red hair and I'm loosing mine. She must be of Irish decent. I was once visiting Ireland and found out that most cops in the United States, at least in Boston, are Irish, and many of them are photographers. I was invited by one of those coppers to Ireland to a party for the Roche family, although I only have heard a wonderful singing group called **"THE ROCHES"**. Regardless I lke to be called Roche since I would have all the recompenses that all Roches have, like being cousin to an extraordinary sailor and French parachuter called André Roche...and Marcel Roche, a noted researcher and MD. But getting back to Joy... she could be a gorgeous photographer´s model. She has tiny breasts and an exquisite smile, but she smiles only at me. "Nudity, (is valid) only when it´s about intimacy and dependence", as Elaine Stritch (she died yesterday) said, "Joy of My Life", I called in heaven, and wrote a song about her:

"You are My Joy..." (not the one you´re thinking about since I don´t mention the word "Sunshine"...). Joy, joy, joy... you consumed my temperament, and emotion. Viva Joy!"

Hey Ireland! Influenced by the Irish Roche, I am now a photographer, and your dancing is what I love to "snap, crackle and pop" my weasel at. Joy is a whole-hearted name. Happiness, delight, pleasure, enjoyment, bliss, ecstasy, thrill, exaltation and rapture. What a succulent dish... but Joy has a plan full of "maybes"... I decided to give her a last name taken from Gunther Grass, the German writer. Having this made-up name, she can be tragic, sad, heartbreaking, heartrending, disastrous and catastrophic, but she can also be exciting, exhilarating, thrilling, enlivening, invigorating, reathtaking and extraordinary, magnificent and... right. Viva Joy Milagros Gunther Grass! (maybe Roche, don´t I wish...).

As I´ve said before, **"My Latin America, "my LA"** as I call it, does not resemble **"The LA", California** - wonder of wonderments. When I say **my LA** I mean where I live, where I am romantically near and into **My Joy**.

Love is the name of a 1964 single by Nat King Cole and the contraction of a word steaming from Logan and Veronica from the TV series Veronica Mars. But love is an intense creature that has troubled and fascinated the surrealists (Breton and Camacho, the artist not the cigar, included) and Wagner (Tristan and Iseult) and, the best of them all, Luis Buñuel´s film L´Age d´Or, and me, and Joy. And what am I talking about? I wish I knew how to talk about that indefinable term. But Joy and I breathe it. I wish Jorge Camacho could see us! Good friend. See you as soon as I pass away...

The question that troubles me more is how "to make love"?

Make it, insist on it, love it, be true to it enJOY it.

CAPÍTULO 6

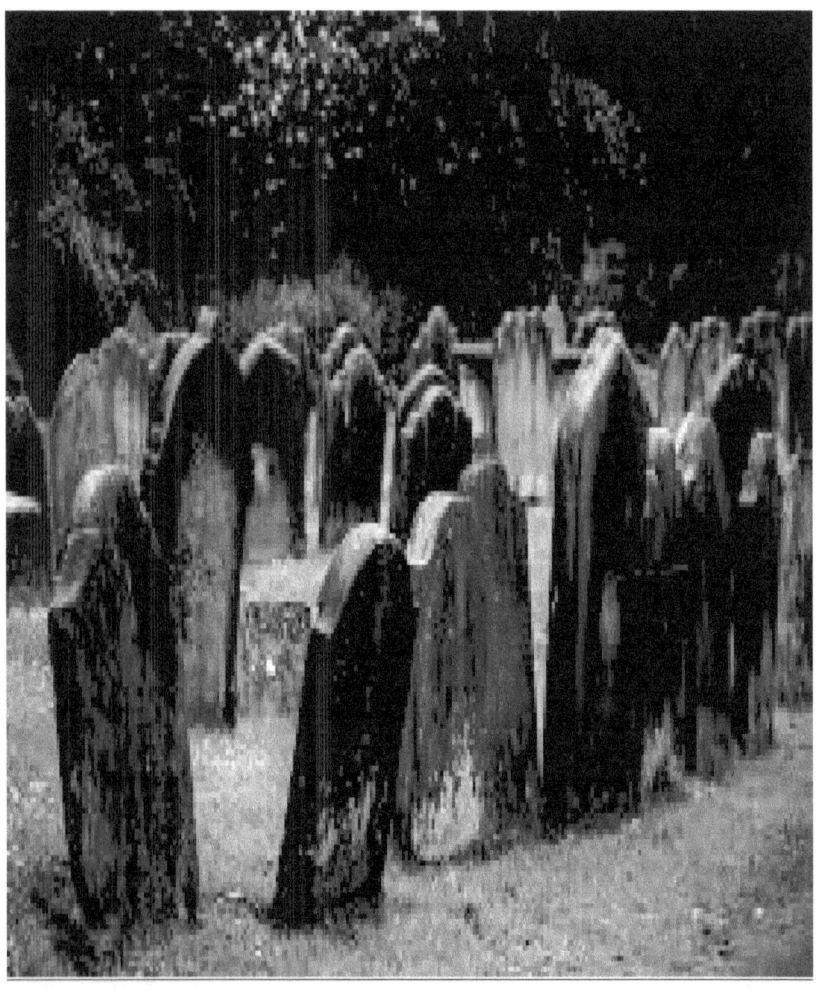

Deseo. que cuando yo muera, este escrito sea impreso "vervatum" en la página del aviso del periódico dónde se anuncia mi desaparición.

Se nos ha ido **LUIS ARMANDO ROCHE DUGAND** apodado "gato" por sus buenos amigos. Nació en Caracas el 21 de noviembre de 1938 en la Parroquia El Recreo. Falleció, el día ¿?? de fecha ¿??. Estudió primaria en Caracas, **Colegio La Salle de la Colina,** luego **Colegio San José de Mérida, Venezuela, interno** luego, **Instituto Libre Asociado** en Caracas.

Siguió en El **Colegio Marista** de Buenos Aires, Argentina, interno, y cambió al **Colegio Francés** interno de Buenos Aires.

De allí sus padres lo llevaron a los Estados Unidos de Norteamérica, dónde estudió interno en el **Nyack Junior School**, en Nyack, N.Y. De allí continuó a secundaria, al igual interno, al **The Choate School**, en Wallingford, Connecticut. Al graduarse, fue acceptado en **Tulane University** en New Orleans, Louisiana. Trabajó en ARS Publicidad en Caracas con Bob Ferber y Alejo Carpentier. En 1962-4 estudió cine en el *IDHEC Institut des Hautes Cinématographiques de Paris, University of California UCLA y University of Southern California USC,* ambos en Los Ángeles, California. Ha escrito y dirijido más de 30 documentales, mediometrajes y largometrajes. Ha recibido múltiples premios en festivales.

Ha escrito múltiples novelas y una obra de teatro que se llama *JUANA LA CALAMIDAD, Y EL DR. JAMES BARRY, HIJO DE MIRANDA.*

Recibió el ***Premio Nacional de Cinematografía*** **en el año 1999.**

Está actualmente casado con **MARIE-FRANÇOISE BARRÉ de ROCHE.** Su esposa que tiene una Maestría de Arte Contemporáneo de la Sorbonne, St. Charles, París.

Roche, fue, entre otros: traductor y adaptador, escritor y director de cine, teatro, ópera y productor musical.

Hijo de **LUIS ROCHE** urbanizador, caraqueño y de **BEATRICE DUGAND DE ROCHE** del hogar, barranquillera colombiana.

Mi madre escogida es **AGRIPINA PLÁNCHEZ** de Chuao.

Tuve cuatro hijos en primeras nupcias con **MARIÓN (María Albertina) CISNEROS RENDILES**, arquitecto **UCV**. Los hijos son:

BEATRIZ ROCHE CISNEROS, estudió en la universidad en *PINE MANOR COLLEGE*, Boston, Massachusetts. **Obtuvo su BA en francés**. Ella tuvo dos hijos, **Ariana Plaza Roche** y **Guillermo Plaza Roche**. Es actualmente escritora, pintora y fotógrafo.

NADINE ROCHE CISNEROS, estudió en la universidad en *PINE MANOR COLLEGE,* Boston, Massachusetts. Se graduó con un **BA de maestra de escuela titulada en Massachuset**ts. Tuvo dos hijos, **Daniel Armando**

Nassar Roche y **Luis Ricardo Nassar Roche**. Es actualmente directora de galería de arte, y actriz.

ALVARO ROCHE CISNEROS, *BENNINGTON COLLEGE*. Trabajó como actor estrella en la película de largometraje *EL CINE SOY YO,* dirijida por su padre, y acompañado en actuación principal por los actores Asdrúbal Mélendez y Juliet Berto. Obtuvo un BA en **Bennington College**, como diseñador de moda, creador de decorados y trajes teatrales. Estudió un breve tiempo en *PARSONS COLLEGE SCHOOL OF DESIGN*, N.Y. Trabajó en la firma de diseño de modas de *GIANFRANCO FERRÉ* en Milano. Se casó con **ANAMARIA VIDAURRE**. Tuvo dos hijos **SOFÍA ROCHE VIDAURRE Y SEBASTIÁN ROCHE VIDAURRE.**

ALONSO ROCHE CISNEROS estudió en la Universidad *ITHACA COLLEGE*, en Ithaca, New York. Obtuvo su BA como productor y director de televisión en Ciencias de Comunicación. Trabajó en el canal de televisión *UNIVISION TV,* en Miami, dónde conoció a su actual esposa **MARIA BOOKER**. Tienen dos hijos, **ANTONIO ROCHE BOOKER** y **AMANDA ROCHE BOOKER**. Luego cambió de profesión, a la cocina. Se convirtió en profesor de cocina y promotor del restaurante *BOLD BITE* en **Bethesda, Maryland.**

Los nietos del deudo: **DANIEL ARMANDO NASSAR ROCHE, LUIS RICARDO NASSAR ROCHE, ARIANA PLAZA ROCHE, GUILLERMO**

PLAZA ROCHE, ANTONIO ROCHE BOOKER, AMANDA ROCHE BOOKER, SOFIA ROCHE VIDAURRE, SEBASTIÁN ROCHE VIDAURRE – SUS MADRES: MARIA BOOKER ROCHE, ANA MARIA VIDAURRE ROCHE, SUS PRIMOS - ROCHE – DUGAND, SUS FAMILIARES Y AMIGOS,

invitan al sepelio que tendrá lugar en ? el día ? a las ?

"Dormit in pace"

Q.E.P.D.

CAPÍTULO 7

LA IMPROVISACIÓN COMO TÉCNICA INTERPRETATIVA Y EL

HUMOR EN EL CINE DE LUIS ARMANDO ROCHE

por Lorena Pino M – Periodista

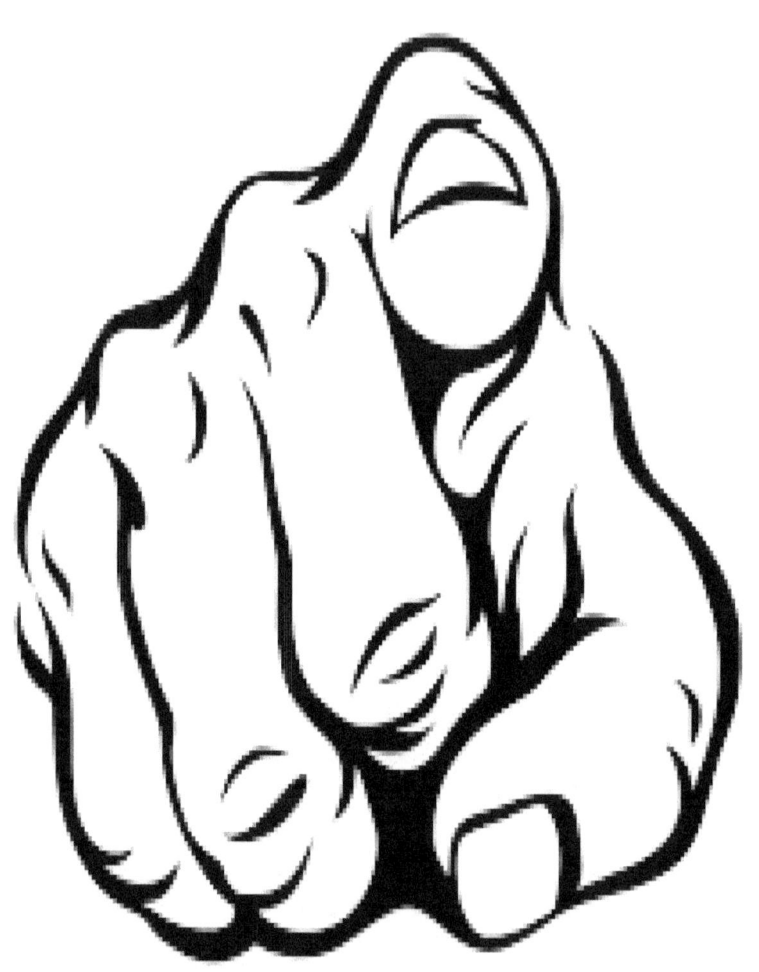

Luis Armando Roche es uno de los cineastas venezolanos más conocidos por su amplia trayectoria que abarca desde cortometrajes documentales hasta largometrajes de ficción. Explorando el cine histórico de aventuras, con personajes cotidianos, otras veces heroicos, algunos nostálgicos, pero también llenos de mucha vitalidad, sueños y un ingrediente infaltable: una dosis de humor.

Roche ha confesado en sus entrevistas que siempre le han interesado los personajes sencillos que sufren grandes transformaciones, así como la música, el amor, el reflejo en el espejo y la presencia multicultural, que le es propia por ser de madre nacida en Colombia y padre venezolano, pero con ascendentes franceses, italianos e irlandeses. Toda esa herencia multicultural, sumada a una búsqueda artística muy personal han dibujado una obra amplia, pero con rasgos constantes.

Un elemento presente en su conversación y también en sus películas es ese humor que aparece hasta en las situaciones menos imaginadas. Si nos detenemos frente a su filmografía, vemos que Roche si bien ha tratado temas y personajes del común, la mayoría de las veces no los ha abordado desde un punto de vista tradicional en cuanto a temática, ni puesta en escena, encontrándose muchas veces frente a la experimentación, con todos los riesgos que puede significar frente al público el salirse de los patrones convencionales y explorar el drama, pero también el absurdo, la fábula, la comedia satírica y hasta la improvisación, terminos que nos remiten de inmediato también a su conexión con lo teatral. Todos esos elementos pueden despertar en el espectador una sonrisa de placer o una risita nerviosa ante lo inesperado.

Reflexionando sobre estos rasgos, Roche se encontró recientemente en visita a Buenos Aires, frente a un anuncio promocional con el cual identificó parte de su trabajo, el aviso destacaba: "malba.cine dedica todo el mes de enero a recorrer la historia del cine cómico y también la comedia, que es su variante civilizada". Recorriendo la obra de Roche realizada durante más de 40 años de trayectoria, hallamos en parte de su producción rasgos de comedia reflexiva, en ocasiones podría pensarse dirigida a un público especializado.

Por otra parte, debe rescatarse una de las influencias abiertamente confesas del director: el cine de Luis Buñuel ha quien siempre ha admirado y de quien toma parte de su "humor negro".

Breve recorrido a su obra. Años 60 y 70.

Roche inicia su trabajo como director cinematográfico en 1963 con Genevilliers Puerto de París, un cortometraje en 16mm de 7 minutos de duración en blanco y negro. Ese mismo año realiza Vamos a ver dijo un ciego a su esposa sorda, su segundo cortometraje, esta vez de 14 minutos y en color, esta vez en 35mm. Se trata de un audiovisual con influencia surrealista y un nombre que invita a pensar, dejando en evidencia lo que será su estilo como realizador y su trabajo a futuro. En esta década Roche pasará a ser figura clave del cine nacional, no solo como realizador, también como promotor al ser uno de los fundadores de la Cinemateca Nacional de Venezuela.

Raymond Isidore (enterrador de Chartres) y su casa (1964) presenta a ese ser sencillo. Un hombre que arma su casa con piezas diversas que va encontrando como vidrios, rocas, desechos, haciendo una obra única, inspirado por el amor a su esposa. Este corto de 14 minutos se realizó en 16mm y a color.

Sobre *La Fiesta de la Virgen de La Candelaria* (1966), su siguiente documental, a color, el director confesó en entrevista en el año 2003 *"Di rienda suelta, con humor libertario, al anticlericalismo que gestaba en mi después de haber pasado tantos años terribles de mi formación juvenil en escuelas religiosas (...) La influencia del cineasta Luis Buñuel y de los surrealistas reforzaron la tendencia".* Ese mismo año co-dirige Los locos de San Miguel, con Miguel San Andrés, un documental en blanco y negro sobre la tradición del pueblo del Estado Trujillo. Ambos trabajos sobre tradiciones populares fueron realizados en 16mm y tienen cada uno 19 minutos de duración.

En 1968 Roche realiza dos documentales a color, rodados igual en 16mm. Primero realiza *Víctor Millán* de 26 minutos y luego *Los tambores de San Juan*, de 16 minutos de duración. En el primero, recoge la esencia del pintor "primitivo" de La Guaira, y en el segundo la tradición del pueblo de Curiepe, en el Estado Miranda, el cual vendría a ser el primero de sus trabajos centrados en la música y el arte como protagonista.

La bulla del diamante (1969) será su último documental en esta década. Acá presenta el día a día de *San Salvador de Paúl*, comunidad minera del Amazonas venezolano.

Carlos Cruz Diez, 1923-1977 en la búsqueda del color (1971) Es una pieza sobre el artista cinético de 55 minutos de duración, realizada en 16mm, donde explora la influencia familiar y su proceso creativo.

Ignacio "Indio" Figueredo (1972) En esta oportunidad el realizador explora el trabajar por segunda vez en 35 mm. De nuevo Roche se encuentra frente al proceso creativo de un artista, en este caso un hombre llanero, un maestro popular del arpa frente a las nuevas generaciones. El corto es de 13 minutos de duración, con partes a color, y otras en blanco y negro.

Hemos mencionado los formatos, pues Roche reconoce la libertad expresiva que le ofrece rodar en 16mm con cámaras Eclair, pudiendo filmar con sonido directo, a diferencia del 35mm más pesado y necesidad de estabilidad. Sin embargo existe, la 35mm Arriflex 2C que se utilizó durante la Segunda Guerra Mundial por los alemanes.

Mérida no es un pueblo (1972) Fue un corto de 12 min en 35 mm. Con este documental experimental, rompe con el cuento lineal de otros documentales, y continúa con la visión del artista Roche. En este caso aborda la vida del escenógrafo Manuel Mérida en forma experimental y surrealista. Revisando la vida de Mérida en Valencia nativa, su trabajo como luchador, en Lucha Libre, con el apodo "El Timido", y luego su trabajo como escenógrafo de diferentes estaciones de televisión.

Una singular posta científica (1974) Rodado de nuevo al sur del país, como años atrás lo hizo en *La bulla del diamante (1969)*. Es un documental de 15 minutos en 16mm, de divulgación científica sobre el rechazo al transplante de órganos en las comunidades Warao del Delta del Orinoco, a partir de un trabajo realizado por investigadores del IVIC.

Continuando la difusión científica, en 1975 realiza *Como islas en el tiempo*, un documental de 55 minutos en 16mm sobre la expedición a las simas de los tepuyes Sarisariñama y Jaua por parte de un grupo encabezado por Charles Brewer Carías. Para muchos, este viaje y la relación con la naturaleza sería el origen de una futura película como *Aire Libre (1996)*.

Roche cierra su producción en los 70 con su primer largometraje: *El cine soy yo (1977)*, una "Road-movie" que se convertiría en una de las principales obras de la cinematografía local y en un homenaje al cine. Es la historia de Jacinto (*Asdrúbal Meléndez*), Juliet (*Juliet Berto*) y el niño Manuel (*Alvaro Roche, hijo de Luis Armando Roche*), tres personajes que se embarcan en una aventura cinematográfica por remotos pueblos de Venezuela, proyectando películas en un camión rodante llamado "la ballena autovisual". Jacinto representará a ese venezolano que es capaz de ganarse la vida haciendo cualquier oficio, el "toero" que ya habíamos visto de algún modo en el artista Millán.

El director quiso unir ficción y realidad y explorar el cine dentro del cine, elemento que encontraremos más delante de nuevo en <u>De repente, la película (2011)</u>.

Producción en los 80 y 90

En los ochenta Roche sólo dirige el largometraje de ficción <u>El Secreto</u> (1988), donde se expresa un conflicto como el del contrabando y el problema de las fronteras, sin embargo, tiene un toque de humor revelado por el propio cineasta como un elemento importantísimo *"No se busca la comicidad sino el humor más fino, no la risa, sino la sonrisa. Es importante que el ser humano se ría un poco de sí mismo y de las cosas que le suceden. Hay un momento de la película que parodiamos a James Bond, a través de la música. También fue decisiva la escogencia del actor para dar ese toque de humor a la película. Orlando Urdaneta supo integrar en el personaje la ingenuidad, la aventura, la ternura."* Aseguraba Roche en 1987 para la revista Encuadre.

En la década de los 90, realiza Aire Libre (1996), una coproducción entre Venezuela, Canadá y Francia, donde relata las aventuras de *Alexander von Humboldt (Christian Vadim)* y *Aimé Bonpland (Roy Dupuis)* en el nuevo continente. En este largometraje, Roche retorna a la selva, al sur del país, pero también a la mezcla cultural, al viaje y transformación de personajes. Un ambicioso trabajo de producción y fábula que ofreció una nueva forma de narrar la historia enmarcada en la naturaleza como contexto y también como personaje.

Roche cierra el ciclo de los 90 recibiendo en *1999* el *Premio Nacional de Cine* por su amplia trayectoria.

Música y formato video en el nuevo milenio

Siempre la música ha sido un elemento fundamental en las películas de Roche, en los 70 y 80 Maurice Reyna estuvo a cargo de parte importante de su producción desde *Carlos Cruz Diez en la búsqueda del color*, hasta *El cine soy yo* y *El Secreto*. Ahora, en la primera década del siglo XX parte de su temática, reflejada en los títulos de sus films tiene que ver con el ámbito musical. Comenzando con *Virtuosos* (2000), que reúne lo filmado en distintas épocas con los músicos *Freddy Reyna, Ignacio Indio Figueredo, Fulgencio Aquino, Anselmo López y Jacinto Pérez*. El material nuevo se integró con las piezas de archivo todo en formato MINI-DVD.

Al año siguiente realiza *"Bach en Zaraza"(2001)*, una fantasía sobre la visita imaginaria de Juan Sebastián Bach al pueblo de Zaraza. Rodado en 16mm y transferido a 35mm. En el mismo año 2003 realiza *Ópera Cósmica(2003)*, un cortometraje que fue el resultado del registro en video DVCAM de la obra teatral *"Ordo Virtutum" (2003)*, dirigida por Roche.

En 2003 realiza su cuarto largometraje de ficción "Yotama se va volando" (2003), una fábula poética donde se dejará expuesta la evolución los personajes que deberán estar en una convivencia forzada, en un espacio completamente cerrado. *Yotama (Beatriz Vázquez)*, es una mujer que ejecuta el secuestro de tres personas *(Asdrúbal*

Meléndez, Edgard Ramírez, Martha Tarazona), todos permanecerán en un apartamento, al que luego se sumará la pequeña hija de la asaltante *(Oriana Meléndez)*, la cual introducirá el elemento humor dentro de la tensión de la historia. La película fue rodada en video DVCAM, lo que representó un cambio también estético en lo que había desarrollado el director en una carrera entre el 16mm y 35mm.

En "Yotama se va volando" (2003), Roche escribe parte de la letra del tema (como un estilo corogriego introductorio del film, que cuenta con música de *Federico Ruiz* e interpretación *de Maria Rivas*.

2011 es un año muy fértil en la obra de Roche, en primer lugar culmina el largometraje "De Repente, la película" (2011), una comedia improvisada y satírica donde retoma el elemento del cine dentro del cine. Por otra parte, realiza el documental "Mi hermano Marcel Roche" (2005), una visión personal y familiar del aporte del científico e investigador venezolano, fundador del Instituto Venezolano de Investigaciones Científicas (IVIC) y del Conicit.

Culmina el año con el cortometraje documental "Los Pacheco, una familia salsosa" (2011) en el cual de nuevo la música es el elemento central. Esta vez se trata de un homenaje a una familia de músicos del barrio Cotiza de Caracas, y las nuevas generaciones que se han integrado al grupo quienes por años han sido cercanos a la obra de Roche.

Apuntes sobre la improvisación

Ricardo Armas y Manuel Márquez en su libro *"Luis Armando Roche. Cine a través del espejo"* (2004), recogen el testimonio del director en cuanto a su interés por cierto grado de improvisación en la puesta en escena, en especial con el trabajo actoral. Roche comentaba sobre la improvisación en el momento del rodaje, frente a la vigencia del guión, técnica que tomó tras conocer a Roberto Rosellini, maestro del neorrealismo:

"Para Rosellini, el guión es una 'guía para la puesta en situación de los actores', a la que se le agrega la poesía de la realidad en el momento de filmar. Un buen ejemplo de esto es lo que ocurrió durante el rodaje de su largometraje "I fratelli di San Francesco", sobre la vida de San Francisco de Asís (...) En el momento de rodar, Rosellini le pidió a los diez actores que comenzaran a girar a toda velocidad sobre sí mismos. Uno a uno, caen mareados al suelo. Rosellini les pide que desde allí miren fijamente el horizonte y no se muevan. En ese momento San Francisco, puesto de acuerdo previamente con el director, les pide que fijen en sus mentes la dirección de sus miradas, ya que estás serán las vías evangelizadoras de cada uno. Esta idea de puesta en escena es el resultado de la creatividad del director en el set. Una creativa 'improvisación' que da como resultado una escena original, fresca, auténtica y poética".

En El cine soy yo Roche se enfrentó al problema de comunicación de su actriz principal *Juliet Verto*, quien no hablaba español, por lo que la improvisación se convirtió en herramienta fundamental para superar las dificultades *"creamos secuencias improvisadas, sobre el momento, que resultaron estupendas y se integran absolutamente al tema y al guión"* aclaraba Roche en 1977.

Para *"Yotama se va volando"* (2003), se realizó un trabajo actoral profundo, tal como destacaba Roche en 2003 en entrevista para la revista Estampas

"Tuvimos (con los actores) dos semanas intensas en las que hicimos el análisis dramático de la obra. Esto fue realizado alrededor de una mesa, como en el teatro, sin permitirle a los actores que se pusieran de pie y comenzaran a 'actuar'. De esa forma, la actuación

guardó inmediatez, espontaneidad y frescura y no se tornó en algo mecánico. Comparto la opinión de la actriz francesa Juliet Berto, para quien la actuación es lograr un descontrol bien controlado. Una vez captado el sentido dramático del guión, los actores se encontraban listos para rodar."

Ya para *"De Repente, La Película"(2011)* su quinto largometraje, Roche abandona todo convencionalismo. El guión estuvo en reposo por muchos años, hasta que llegó el momento de su realización, en medio de una fuerte etapa personal en la salud de Roche, el rodaje se convirtió en una terapia de recuperación y vida, pero también en un momento de mayor experimentación y libertad creativa. De nuevo el concepto de improvisación sale a flote como recurso para motivar la interpretación.

Precisamente, este método fue descrito por el actor Carlos Antonio León, en su página web *"Nuestras escenas fueron únicas, por el hecho de que Luis Armando cree en dar ´libertad total´ a los actores para ayudarlos en la creación de sus personajes de la manera más creíble. ¡Gran técnica! Personalmente, eso me ayudó a relajarme y tener más confianza en el set. Yo sabía mis líneas, pero también sabía que yo no tenía que memorizar palabra por palabra en el orden exacto y repetir comas y puntos y comas como muchos escritores pretenden que hagan los actores. Nosotros seguimos el guión y la lógica de las situaciones (…) nuestros diálogos fluyeron libres y naturalmente –sin perder la esencia del guión- En otras palabras, cuando la gente ve esta película pueden encontrar que son nuestras palabras, pues hemos hecho que los diálogos suenen naturales, honestos, auténticos…"*

Pero al revisar minuciosamente las declaraciones de Roche en distintos momentos de su trabajo creativo, vemos que lo que es hoy *De repente, la película* (2011) en cuanto al trabajo actoral, es el resultado de una evolución en la dirección de actores como cineasta que venía trabajando desde sus inicios, incluso en su propuesta como documentalista. Sobre el rodaje de Víctor Millán, Roche destacaba en entrevista a Márquez y Armas en el año 2003 *"Las dos primeras semanas las pasé sin filmar, con una cámara vacía, en mano, simulando la filmación. Yo le decía a Millán que estaba filmando y entonces él sobreactuaba –hacía igualito como si fuese un actor de telenovela – a la tercera semana, Millán ya se había acostumbrado a la cámara y se había fastidiado de actuar. Entonces, llegó el momento en que empezó a ser natural..."*

Tras revisar brevemente la obra de Luis Armando Roche, descubrimos no solo sus temas constantes, también su visión del cine y el arte como sinónimos de creatividad y libertad. Vemos igual su trabajo a lo largo de toda Venezuela, captando mucho de nuestra esencia. La necesidad de adaptarse a los cambios de formatos, de tecnologías y a la transformación de un país. Su más reciente largo de ficción, De repente, la película, recoge parte de esa evolución, pero también rompe los patrones establecidos y explora distintos planos de realidad y la ficción, así como su pasión por el cine dentro del cine, el humor, la música y la fusión multicultural. No en vano los personajes despiden el film con una colorida coreografía al estilo Bollywood al ritmo de un Calipso para celebrar el arte libre y ¿por qué no? para celebrar también una vida entera dedicada al cine.

CAPÍTULO 8

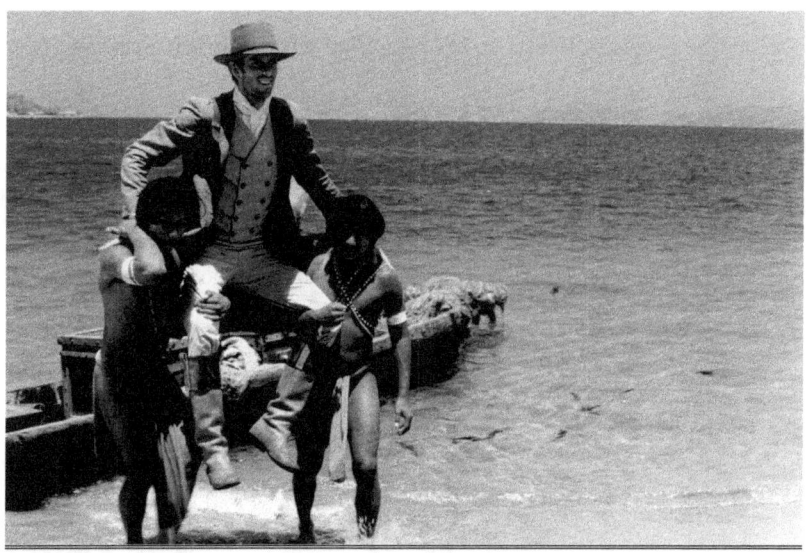

<u>Von Humboldt joven llega a Venezuela cargado por dos indígenas, y anciano, escribe sobre sus experiencias:</u>

Humboldt anciano: "El cuanto a mi, estoy muerto, naturalmente... Aunque mi vida duró 90 años, el pasaje me parece algo corto... apenas más largo que el curso del Casiquiare, río sin fluente que logramos finalmente alcanzar, y las agual de cual parecen vacilar en permanencia entre el Orinoco y el Amazonas, esos grandes caudales, en el cual terminan fundiéndose... como las moléculas de los tres caudales se fusionaron en el Cosmos."

"Siefert ¿Puede abrir la ventana?"

"Quien sabe si esas moléculas no son mas útiles hoy en día como piedras de un parque público, en el plumaje de un pájaro... Pero nuestra obra perdura. Nuestra amistad también. La muerte no puede acabar con ambas. Sé que esta hipótesis no tiene nada de científico... pero... ¿si eso fuera nuestra eternidad?

CAPÍTULO 9

Este es el primer capítulo de la novela "Yoyo, hijo de San Agustín del Sur y Cotiza" de Luis Armando Roche

Yoyó

(J.) Crudelet, ("Petróleo Jodedor Crudo", para sus amigos) nació en un cuarto del barrio popular de San Agustín del Sur en la ciudad de Caracas, Venezuela, cuna de Libertadores, sin madre, ni padre. Tomaron su apellido de un "comic" que estaba en la casa y dónde había un personaje que era "cruel", y los que se ocuparon de él lo llamaron "Crudelet". Ambos desaparecieron antes de que Yoyó tuviera edad de verlos, sentirlos o aprovecharlos. Su madre, *"**Hermenegilda Rosa**"* se fue con un chulo, llamado por sus enemigos, *"**Ramón, el cojo, Rivas**"* que explota a Hermenegilda como fichera y prostituta para obtener suficiente dinero para mantener su vida en los grandes hoteles dónde, *"**el cojo**"*, estafa a los turistas, con especialidad a los canadienses borrachos. *"**Héctor Ampolló**"*, el padre de Yoyó, es chileno nacido en Antofagasta (cómo buen "paquete chileno"). Se escapó en un peñero venezolano que se llama *"A Dios Cará"* que vendía vegetales a la isla de Curaçao, cerca de Venezuela. Resolviéndose, llegó a ser director del **Reformatorio de Niñas (RNMC) de Curaçao** para niñas menores de 17 años. A Héctor no le importa *"nada de nada"*, ni su pasado, ni su presente, ni futuro. A los 15 días de haber nacido Yoyó se lo entregan a *"Petra Nosivel"*, costurera de 78 años llamada, por casi todo el mundo, *"La Abuela, Mamarachita"*. Petra, apenas se ocupa de lo mínimo que Yoyó y ella necesitan. Sin embargo *"La Abuela Mamarachita"*, es dulce y cariñosa con su *"hijo adoptado"*, ¿Y qué más a hacer? Las abuelas en Venezuela son el centro más importante de la familia. En este caso *"Mamarachita"* es una *"abuela negociada"* pero **Petra** lo acaricia y lo soba cariñosamente, y eso le estimula a Yoyó el lado sensible. **Petra**, sin saber, le abre un espacio, una ventana, hacia adelante...

Ambos viven **en el barrio de Cotiza**, un barrio de Caracas, cerca del Hospital Vargas. Allí se refugian músicos y artistas, en un sitio tildado *"de gente de limitados recursos"*, aunque los recursos evolucionan con el tiempo y la memoria, algunos nacen con ellos, y otros los cultivan. En Cotiza, al lado de la casita de *Petra*, vive una familia que se llama **Pacheco**. Son todos **"sonadores de tumbadores"**, no los que tumban ranchos, sino los que le dan o le pegan a la conga. Los abuelos y los padres son rumberos influenciados por **la música de Cuba**. Yoyó aprende con ellos a tornarse la conguero.

En esa familia dónde todos son pacíficos y le pegan solamente al tambor.

CAPÍTULO 10

VINOS DE OREGON, CATADOS POR UN CINEASTA VENEZOLANO Y UNA PRODUCTORA FRANCESA.

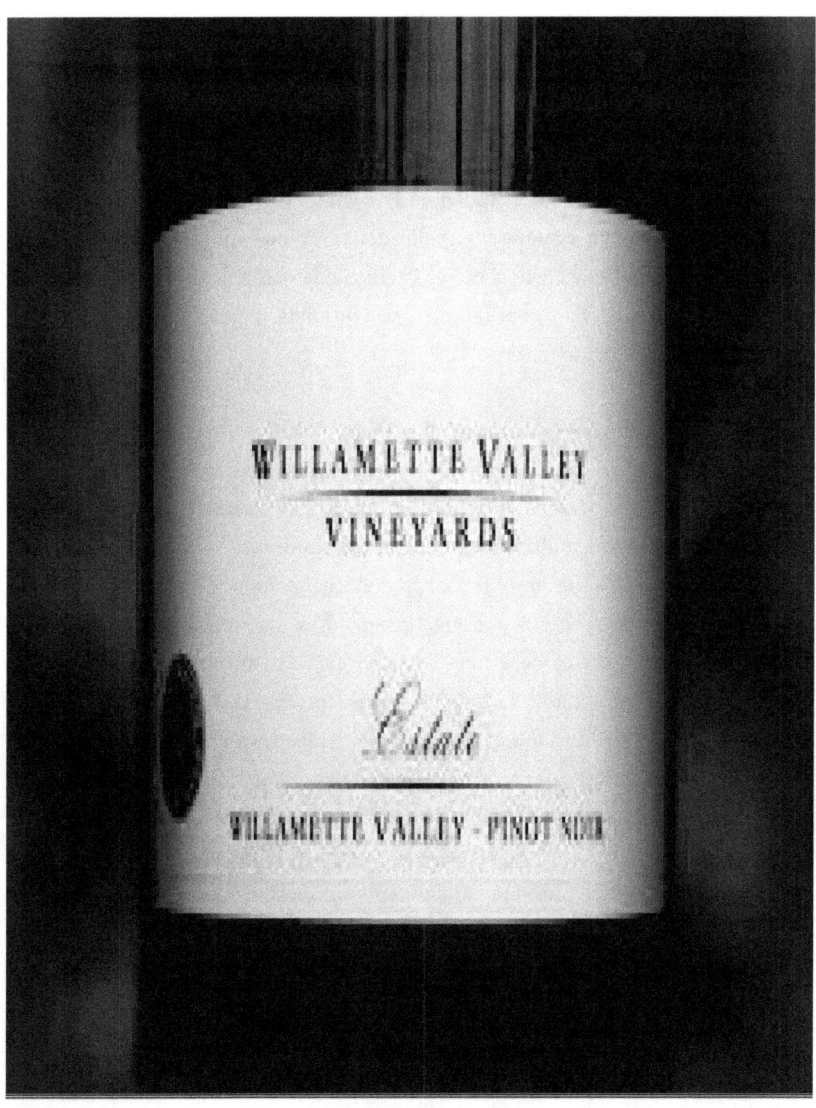

(Se trata de Luis Armando Roche, Premio Nacional de Cinematografía 1999, director venezolano de teatro, ópera, escritor y director de guiones de cine, cortos y largometrajes, y de su esposa Marie-

Françoise Barré de Roche (Fafá), productora de cine y especialista de arte contemporáneo, graduada de la Universidad de La Sorbonne de París.)

Durante los meses de mayo y junio 2013 "nos tomamos" (así se debe llamar) vacaciones de nuestro trabajo en el cine nacional y viajamos al oeste extremo del continente norteamericano. La ciudad de Portland, en el estado de Oregón, fue la primera etapa. Luego visitamos el valle del rio Willamete al sur de Portland. Oregón igualmente tiene costa sobre el Pacífico con excelentes playas -aunque de agua horrendamente fría- pero también restaurantes, pesca, y claro, pescado y mariscos estupendamente frescos.

Portland, Oregón es llamado *"La Ciudad de las Rosas"* por la enorme variedad de flores de ese tipo que allí crecen. En el deporte Portland tiene un equipo de futbol, los *"Firebirds"* y uno de football norteamericano, los *"Oregon Ducks"*. Portland tiene múltiples actividades culturales de teatro, varios museos entre ellos el *Oregon Museum of Science and Technology*, dónde se muestra un submarino de 240 pies, el *Portland Art Museum* dónde se exhiben 35 siglos de arte asiático, europeo y norteamericano. También está un museo para los niños, el *Children's Museum*, dónde artistas plásticos convierten basura en creación... Portland tiene un *3D Museum of Photography*, (Museo de 3D y de la Fotografía) dónde se exhiben una curiosa colección de fotos estereoscópicas de la era Nazi. En música: está el *International Chamber Music Festival* (Festival Internacional de Música de Cámara) y la ciudad es sede de la *Orquesta Sinfónica y la Juvenil* de Portland. Igualmente se presentan anualmente varios festivales de música popular, rock y country. Recomendamos visitar la *Powell City of Books*, la librería independiente de libros usados más grande del mundo. Portland es también la sede de las compañías internacionales, como: Adidas, Intel, Nike y Columbia Sportsware. En Oregón se creó el primer "Roll-O-Plane" o "Looping the loop" (suerte de "Montaña Rusa") que ha sido utilizado en parques de atracciones del mundo entero.

A pocos minutos por carretera de Portland se encuentra el valle de Willamette, la *Willamette Valley*. Por ese valle corre el rio Willamette que convierte la región en varios "macroclimas" muy favorables para el crecimiento de viñas y la producción de excelentes vinos. La temperatura en verano no llega a ser tan caliente como en las ciudades de los alrededores, y en invierno, solo nieva pocos días al año. La lluvia es tan extensa que todo lo vegetal "florece".

Los grandes cotos de viña de Oregon son: *Chehalem Mountains, Ribbon Ridge, Yamhill Carlton, McMinnville, Dundee Hills y Eola-Amity Hills*. Los caldos más famosos que allí se producen son los Pinot Noir y crecen al borde del rio Willamette. Son 3.4 millones acres, pero cada "terroir" tiene su propio macroclima y suelos que producen las distintas características de los vinos. Por algo, la uva fue designada la flor del Estado de Oregón.

En la *Chelahem Mountains*, por su variedad de suelos, se producen algunos de los más cotizados vinos como los: *Ponzi, Adelsheim Chehalem (Coral Creek) y ROCCO*. Los caldos van desde muy livianos y delicados, a los altamente estructurados.

A los vinos de *Ribbon Ridge* se les nota un residuo del Mar Pacífico que se encuentra cerca. Los vinos saben a fruta negra, epizada, con armónicos de chocolate. Algunos viñedos de Ribbon Ridge son: *Beaux Fréres, Brick House Chehalem (Ridgecrest), Patricia Green y Trisaetum*.

Viene luego el "terroir" de *Yamhill Carlton* que se distingue por suelos ricos en sedimentos marinos. Los caldos tienen tendencia a "carnosidad" con sabor frutal y, a menudo, son muy perfumados. Los viñedos son: *Elk Cove, Patton Valley, Shea, WillaKenzie, Soter and Ken Wright (Savoya, y Abbott Claim)*.

Los *Dundee Hills* están plantados sobre terrenos que contienen arcilla y basalto. Los vinos saben a frutas rojas con calidad terrosa y francos armónicos. Incluyen *Archery Summit, Bergsrom, Domaine Drouin, Domaine Serene, y Erath*.

En el *Distrito de McMinville* las viñas se encuentran plantadas en la parte inferior de las montañas costales y cerca del pequeño pueblo de McMinnville. Vientos de la costa soplan a través del Paso de Van Duzer creando este "macroclima" produce vinos firmemente bien estructurados. Viñedos incluyen los: *Brittan, Maysara, Yamhill Valley y Youngberg Hill.*

El "terroir" de *Eola-Amity Hills* se encuentra a los pies la ciudad de Salem, capital del estado de Oregón, sobre una pequeña montaña. Los suelos son superficiales de origen volcánico y de rocas sedimentarias. La exposición a los vientos del mar enfrían la región durante el verano. Los caldos tiene sabor a frutal oscuro, dónde a veces se notan sabores minerales. Esta región incluye: *Amity, Bethel Heights, Cristom, Evening Land y Witness Tree.*

Nuestra cata incluyó:

VINOS, SPARKLING Y EAU DE VIE:
(le colocamos una puntación del 0 al 10, según nuestra apreciación de la calidad)
1.- ADELSHEIM Pinot Noir 2011 (Willamette Valley, Oregon) 8/10 – Dirección: 16800 NE Calkins Lane, Newberg, Oregon (503) 538 36 52
2.- AYRES Pinot Noir, (Newberg, Oregon) 10/10
3.- ANGELA Pinot Noir, (Willamette Valley, Oregon) 2009 – 9/10 (The winemaker´s name is Ken Wright and he is a renowned wine maker.
4.- LANGE Pinot Gris Reserve (Willamette Valley, Oregon) 6/10
5.- PONZI Pinot Gris 2012 (Willamette Valley, Oregon) 6/10
6.- WILLAKENZIE ESTATE Pinot Noir, Pierre Leon (Willamette Valley, Oregon) 2009 8/10
7.- ARBOR BROOK Pinot Noir 2010, Chelaham Mountains, Oregon, Arborbrook Vineyards 9/10
8.- EDGE FIELD Blanc de Blancs sparkling Brut 7/10
9.- PEAR BRANDY- CLEAR CREAK DESTILERY – 9/10 Excelente.

También damos nombre de algunos hoteles y restaurantes que visitamos:

- En Carlton, Oregón, LA CUVÉE – Para mi el mejor restaurante en dónde comimos en Oregón. Platos sencillos pero precisos e inventivos y sin *"chichi"*. Quiero decir "tradicional" pero con "tumbáo" propio y originalidad. Chef francés, apartado del *mainstream*. El menú pequeño es totalmente excelente. El chef nos dijo que el prefería ser el mejor de pequeño pueblo que uno de tantos de una gran ciudad.

- En Mcminnville, *A TUSCAN ESTATE - Bed and Breakfast* - Dueños: Liz and Jacques Rolland – 1800 441 2214 y 503 434 9016 – En especial hay un pequeño "apartamento" anexo a la casa principal que es muy recomendado y cómodo – reservar con tiempo.

- En Mcminnville, el *HOTEL OREGON* – Hotel tradicional en el medio del pueblo, buen bar.

  - En Mcminnville *FRENCH BISTROT* – Buena comida en el centro del pueblo. Chef francés.

Esperamos que estas cortas descripciones y recomendaciones cinéfilas y gustativas les sean útiles para descubrir esta región tan particular e interesante.

Luis Armando Roche 2013

CAPÍTULO 11

JUANA LA CALAMIDAD
Y
EL DR. JAMES BARRY, HIJO DE MIRANDA

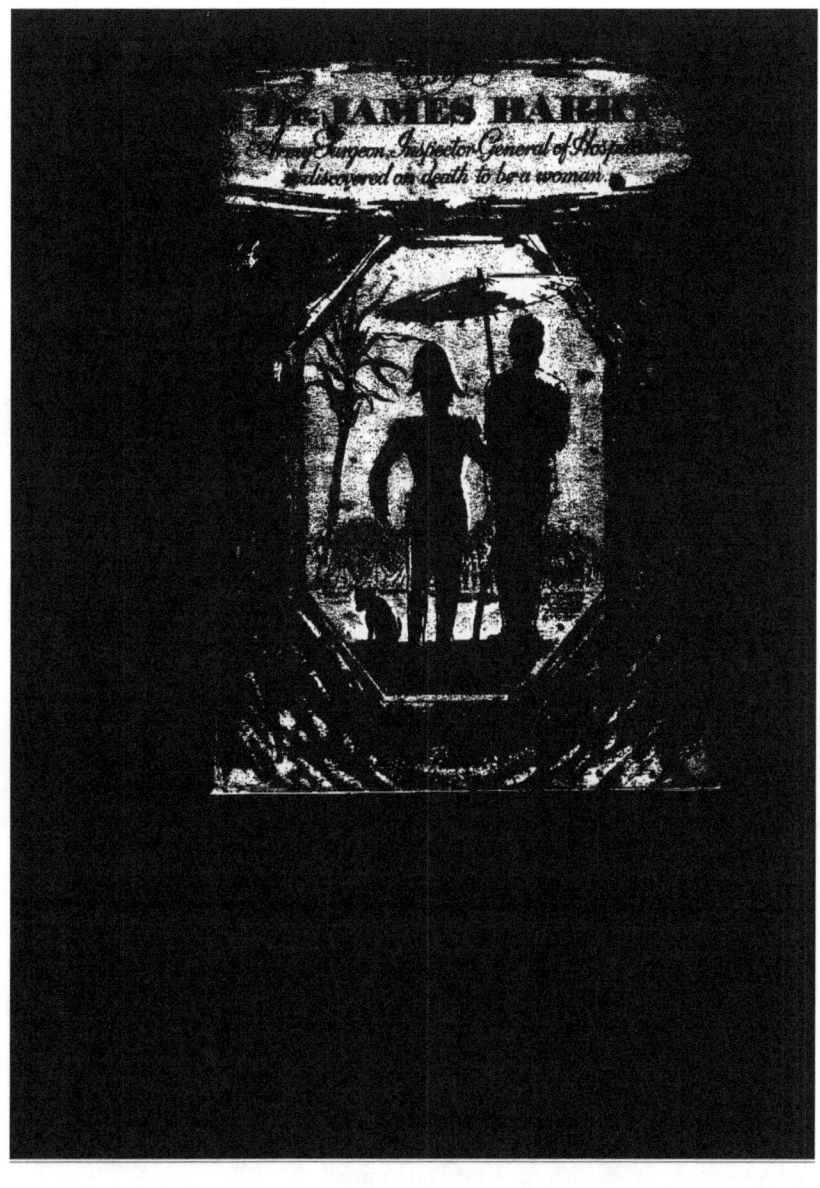

Esta es la primera versión de mi primera pieza de teatro. Espero que les interese.

PRIMER ACTO
(7/9/2015)
1.1

Escenario obscuro. En cada extremidad del proscenio se notan dos personajes entre sombras.
Al fondo se escucha la música de un bar del Oeste Norteamericano. Pianola con música de "rags" de Scott Joplin.
A la vez, sonidos de un hospital. Un altoparlante llama al Doctor James Barry y al Doctor Eugenio Cavallín. Se escuchan sirenas de ambulancias en la lejanía.

JUANA LA CALAMIDAD- ¡Qué bueno es estar en vida!

Juana saca una pistola desde la oscuridad que se ilumina, como de la nada.

DR BARRY - A menos que uno se practique una cesariana sobre si mismo.

El doctor Barry saca un bisturí desde las sombras. La misma luz se prende e ilumina el bisturí.

Se escuchan voces que se entremezclan. La voz del arpisto Ignacio "Indio" Figueredo del documental del mismo nombre – "Mi mamá era hombre y mujer a la vez. Dónde ponía el ojo ponía la bala".

DR BARRY - Nací en Londres... alrededor de 1799... pero no estoy tan seguro de la fecha... ¿cómo podía recordarme si era un "baby" en proceso de nacer?

Juana se para y va hacia el Dr. Barry.

JUANA LA CALAMIDAD – Siempre fui "una mujer de bien beber", me vestía como hombre, así como estoy. Hacía los mismos trabajos que ellos. Mi queridísima hija se llama Jane, y la apodábamos "Janey".

Proyecciones de las cartas de Juana a su hija.

JUANA LA CALAMIDAD – No sabía escribir pero para eso estaba un diccionario que conseguí por ahí, y mi corazón... Janey es de apellido Hickok, como su padre "Wild Bill Hickok", pistolero, explorador, espía de la Unión, oficial de la ley, jugador y actor... y sea dicho de paso... mi corazón.

Proyección de un hospital en África. El Dr. Barry cuida a la sombra de un nativo.

DR BARRY - Me contaron que mi abuelo era irlandés y que tuvo un hijo que se llamó James Barry, R.A. Fue un gran pintor. En 1812 dediqué mi tesis de médico al Generalísimo Francisco de Miranda, mi padre escogido, y al "Earl" de Buchan. Me fascinaba tanto la pintura como la medicina. Realicé, en 1826 en la Ciudad del Cabo, África del Sur, la primera cesárea realizada por un médico inglés en el Continente Africano.

El Dr Barry se acuesta, y con el bisturí hace, sobre si mismo, una cesárea. De fondo se escuchan gritos de bebés que lloran. La luz de Barry va a negro y se enciende la de Juana.

JUANA LA CALAMIDAD - Un hombre una vez me tocó sin pedirme permiso. Le disparé, quitándole el sombrero con la bala... diciéndole "...Y la próxima vez el sombrero se quedará sobre su cabeza que rodará por el suelo -sin vida y sin vista".

Juana dispara al aire. Las dos mujeres se levantan y se vuelven a abrazar, cada una con su "arma" en la mano.

NEGRO
1.2
(7/9/2015)

El decorado se convierte en un bar de Oeste Norteamericano. En el fondo una foto de Juana desnuda. El Dr. Barry entra a través de una puerta batiente.

JUANA LA CALAMIDAD – Hola Barry... Tómese un wiski...

Agarra una botella y llena dos vasos.

DR BARRY – Nosotros utilizamos ese líquido para cauterizar las heridas de guerra.

JUANA LA CALAMIDAD – Nosotros también... pero por dentro...

Ambas ríen. Juana se sienta sobre una silla, al revés. Saca una pequeña foto antigua de su hija Janey. La foto es proyectada sobre la pared del bar. Ella lee un papel que acompaña la foto.

JUANA LA CALAMIDAD – "A Jim O´Neill - Por favor entregue este álbum a mi hija, Janey Hickok, después de mi muerte. Mi más queridísima... esto no es un diario -y puede suceder que nunca te lo entreguen- pero me encanta pensar que lo vas a leer página por página en los años después de mi muerte. Me gustaría verte reírte con esas fotos mías...

Le enseña las fotos al Dr. Barry. Las dos ríen. Juana continúa con su lectura.

JUANA LA CALAMIDAD – "Estoy sola en esta choza y muy cansada. Cabalgué 60 millas hasta el correo y volví a casa durante la noche... Hoy es día de tu nacimiento, hoy tienes cuatro años. Tu Pá Jim O´Neil me entregó esta foto de ti... eres una copia – un gargajo- de mi, a esa misma edad...

DR BARRY - Es bella tu hija...

JUANA LA CALAMIDAD – Hermosa... todo lo que puede imaginar una madre de la belleza de su hija. ¿Y usted ha tenido hijos?

DR BARRY – Mis hijos han sido los soldados y los enfermos que curé durante la guerra - y la paz... de la vida... -y, también...- está mi perro Jonathan. Lo llamé así porque no quería llamarlo Joahnna...

Ambas celebran tomándose unos tragos.

JUANA LA CALAMIDAD – Los únicos perros que conocí fueron los callejeros que nos seguían para todos lados. Comencé a medio-leer y a medio-escribir – todo para comunicarme con Janey. Me importa poco que algunas palabras hayan sido mal usadas, pero como me decía un amigo poeta "las palabras se inventan pero la emoción es auténtica."

DR BARRY – Aprendí a leer bajo la tutela del General Francisco de Miranda mientras ambos vivíamos en Londres. El era un militar venezolano y tenía una biblioteca de unos 4000 libros. En ellos aprendí como era el esqueleto humano y como funcionan las relaciones entre los seres. Me preparé para entrar a la Escuela de Medicina de La Universidad de Edimburgo y obtuve mi título de médico, en 1812, a los 17 años...

JUANA LA CALAMIDAD – ¡Carajo! A esa edad yo andaba ganándome el pan cotidiano... Algunos me llamaban "El Diablo Blanco de Yellowstone". Imagínate que pensaban que era una santa... ¡Qué barbaridad!... Menos santa que yo no había... bebía caña destilada, mascaba tabaco y le disparaba al más pintáo... nunca fui "inocente", ni "virtuosa"... pero si llegué a ser enfermera durante la crisis de la plaga de la viruela que le cayó al pueblo de Deadwood.

DR BARRY - ¿Y cómo curaban esa enfermedad?

JUANA LA CALAMIDAD – Con amor... y salivita.

Ríen ambas.

DR BARRY – La segunda parte de tu remedio es más efectiva y funciona mejor...

JUANA LA CALAMIDAD - ¿Verdad?

DR BARRY – No... mentira...

Las dos caminan como dentro de un sueño, y el proscenio se obscurece.

NEGRO
1.3
(7/9/2015)

Se escuchan tambores indígenas y la voz de un personaje hablando en off.

VOZ DE TORO SENTADO, EN OFF: . "Estamos en 1850. Me llaman Sitting Bull, Toro Sentado: "Tatanka Lyotaka" y fui líder de la tribu Sioux.".

Surge un letrero con la palabra "OK".

JUANA LA CALAMIDAD - Mi querido amigo –al Dr. Barry- Si, mi amigo, Toro Sentado siempre estuvo pendiente de esa palabra OK que colocaban los blancos en la puerta de sus fuertes. Los indígenas eran propietarios de esas tierras, pero los colonos y la búsqueda del oro, trajo violencia...

DR BARRY – Siempre las guerras han sido por poder o dinero. La historia del Imperio Inglés. "The sun never sets on the British Empire", o sea, "Nunca el sol se esconde sobre el Imperio Británico".

JUANA LA CALAMIDAD –Pero volviendo la palabra OK... los inmigrantes y colonizadores, buscando noticias frescas hacían colocar esa señal sobre la puerta del fuerte para indicar cuantos blancos habían muerto, o sea, "o KILLED"... o MUERTOS.

DR BARRY – (pensando y repitiendo) OK, OK, OK...(para él mismo) "Mom´s the World o the Word". Viví las guerras en África y en el resto del Imperio... OK, OK, OK... (pensando en alta voz) Venezuela, Miranda...Tenía la intención de seguirlo a su país y ayudarlo en su sueño liberador... pero lo hicieron preso... OK, OK, OK...

JUANA LA CALAMIDAD – En Deadwood, North Dakota conocí a un venezolano que vendía joyas y compraba tierras... no recuerdo su nombre... como que era medio francés y creo que pintor... pero si se que era pequeño, mulato y medio calvo... Se había ido de su país pero siempre hablaba de Venezuela, de sus bellas mujeres... y de la caña de azúcar que el llamaba "papelón".

DR BARRY – El Gran Miranda... Estuve enamorada de el ??? Puede que si, puede que no, lo más probable es que "who knows?". Miranda era un hombre "muy preciado", hermoso, fuerte, de una fina inteligencia y trato con las mujeres... Dicen que fue amante de la Zarina Catalina de Rusia y de otras damas en Francia, Inglaterra, y Venezuela...

JUANA LA CALAMIDAD – Fui novia de muchos varones, o si los quieres llamar, "acompañantes"... Hubo Buffalo Bill Cody, no era Wild Bill, no te confundas. Tenía un show "Buffalo Bill´s Wild West Show". En su funciones presentaba a militares, cowboys, indios, turcos, gauchos, árabes, mongoles y georgianos. Llevó su show a la Feria Mundial de Chicago de 1893. Estuve con él 8 veces en Europa presentando su espectáculo para La Reina Victoria, el Kaiser Wilhelm II y el futuro Rey George V de Inglaterra.

Pero ...me sentía a veces muy sola... pero el que más me fascinó, el más cercano al "amor", fue Wild Bill Hickok... A mi muerte, pedí ser enterrada al lado de su tumba en el cementerio de Deadwood. Bill murió el 2 de agosto de 1876 en el bar No. 10 de Deadwood. Fue asesinado por la espalda por un cobarde llamado MacCall. Nadie lo hubiese enfrentado. Tenía en su mano un par de *"Aces y Ochos"*, lo que llaman en poker "la mano de la muerte".

NEGRO
1.4
(7/9/2015)

Se escucha la voz y el ruido de Wild Bill Hickok y otros que juegan poker. Voces dicen: "No te creo?", "Oh Dios mío... ", "Boy boy", "...pero yo pensaba que..."

Juana la Calamidad monta una escoba y "cabalga" alrededor del Dr. Barry.

DR BARRY – No hay duda que la mayoría de las conversaciones entre la gente no son sino "pausas dramáticas".. o sea que no van más allá de simples observaciones... muy a menudo incomprensibles...

Juana para su "escoba-caballo" al lado del médico.

JUANA LA CALAMIDAD – (a la escoba) Sooo, bicha... (al Dr Barry) ¿Le gustan los caballos?

DR BARRY - En el ejercito, a menudo, montábamos a caballo ¡y a veces el animal nos tiraba al suelo!

Juana le entrega la escoba al Dr Barry que se monta.

DR BARRY – Primero hay que ponerle un nombre... te vas a llamar "LLAMARADA DE MEDIONOCHE"

Arranca "cabalgando" saliendo del proscenio y dejando a Juana sola.

JUANA LA CALAMIDAD – Al fin sola... Óyeme Wild Bill . Déjate de tanto poker. ¿Cuándo nos vemos? O más que vernos... tocarnos...

La voz de Wild Bill le contesta.

VOZ DE WILD BILL - ¿Cómo está nuestra hija Janney?

JUANA LA CALAMIDAD – Me fascina cuando dices "nuestra hija"... pero así es... Está bien. Te cuento que estoy escribiéndole unas cartas... ¿Quieres que te lea algo?

VOZ DE WILD BILL – Dale...

Juana saca sus apuntes y comienza a leer.

JUANA LA CALAMIDAD – "Tu padre me desafió de dirijir la diligencia después de la matanza. Lo hice y me encontré en un berenjenal, mi Janey. Los bandidos se metieron por detrás de mi y estaba oscureciendo. Salté desde el puesto del conductor y monté en uno de los caballos de los bandidos. Tu padre y yo agarramos a los 8 de ellos, y tuvimos que matarlos porque no se rendían. Tu padre contó a 3 con el brazo perforado y me dijo "Esos son tuyos Juana. Tu nunca disparas a matar". Los otros 5 los mató el. Nunca vi que Wild Bill tuviese problemas con matar a alguien, pero yo si. Nunca he sacrificado a nadie pero... hay una mujer en Deadwood que la llaman *"Missus Bander"* que me gustaría darle unos coscorrones.... "

Una mano sale de la oscuridad y la atrae hacia el. Juana desaparece en la negrura.

NEGRO
1.5
(7/9/2015)

El Dr Barry empuja a una cama de hospital con ruedas.

Música de bailar de los años 1818. Mientras se escuchan las voces, Dr. Barry se coloca frente a un espejo, se pone el estetoscopio y afila su bisturí.

VOZ DE MIRANDA- "Soy el General Miranda. Barry es como mi hijo y lo ayudé con sus estudios. Me informaron que durante las fiestas en El Cabo, Barry flirteaba con todas las mujeres y que vivía en un cuarto sencillo. Eso lo debe haber sacado de mi."

Música. Aparece Juana vestida de hombre, con un revólver al cinto. Saca a bailar al Dr. Barry. La cama que rueda sirve para que los dos personajes puedan hacer una especie de circo sobre ella.

VOZ DEL CONDE LAS CASES – "Soy el Conde de las Cases. Cuando vi a Barry por primera vez noté que era un joven de 18 años que tenía formas y maneras de mujer... Abría las ventanas y recetaba vino como antiséptico."

VOZ DE THOMAS MUNNIK – "Me llamo Tomas Munnik y soy comerciante. En el Cabo, Barry le realizó una cesárea a mi esposa y salvó a la parturienta y mi hijo. Era muy novedosa la operación porque la primera había sido realizada en Zurich en 1818. Al niño lo llamamos James Barry".

Los dos personajes, junto con la cama, giran desesperadamente. Juana saca el revólver y hecha un tiro al aire. Salen fuera del proscenio.

NEGRO
1.6
(7/9/2015)

Juana y el Dr. Barry están sentadas, muy juntas sobre el centro del proscenio. Al fondo se escucha un viento que cada momento se hace más fuerte. La conversación entre los dos es en un tono muy bajo, casi susurrado.

DR BARRY - ¿Te gusta el circo?

JUANA LA CALAMIDAD – Trabajé en el "*Buffalo Bill´s Wild West Show*".

DR BARRY – Ya me lo habías dicho... Conocí a un médico que hacía de payaso, iba en los cuartos de los pacientes y los hacía reír para se relajaran.

JUANA LA CALAMIDAD – En Deadwood conocí a un perro que bailaba sobre los bares...

DR BARRY – ¿Con quien?

JUANA LA CALMIDAD – Con el mismo.

DR BARRY –En el Cabo vi un circo francés que tenía una pulga que se rascaba la cabeza porque tenía otra pulga más pequeña sobre el pelo...

JUANA LA CALAMIDAD - ¿Y la pulga iba al peluquero?

DR BARRY – Vamos Juana... ponte seria.

JUANA LA CALAMIDAD - ¿Para qué? Hay que reírse para no...

DR BARRY – No termines esa frase que ya sé cual es...

Pausa larga. Suenan unas campanas lejanas.

JUANA LA CALAMIDAD – Cuéntame de tus amores...

DR BARRY – De eso no se habla... sino se hace...

Juana saca un sarcillo indígena de su bolsa y se lo coloca en la oreja al Dr Barry.

JUANA LA CALAMIDAD - Ahora es como si estuviéramos casados...

Pausa larga. Se escucha un pajarito cantando muy fuerte (Herpsichomus Dugandis). Ambas se miran en los ojos y pasa un largo momento sin que se hablen.

NEGRO
1.7
(7/9/2015)

Entra Juana acostada sobre la cama rodante. El Dr Barry la acompaña.

DR BARRY – Divaguemos... ¿Qué piensas tu de los hombres?

JUANA LA CALAMIDAD – Que aquí nadie es ni diva ni vago... y eso de "guemos", tampoco lo entiendo... Dígame usted primero...

DR BARRY – Miranda... Miranda...

JUANA LA CALAMIDAD - Con los que tiré fueron muchos y variados... La verdad es que mientras el tiempo pasaba, me ponía mayor y los hombres me parecían todos iguales... Me quedé con Wild Bill...

Se escucha la voz de Wild Bill.

VOZ DE WILD BILL – Eres mi Calamidad, amada Juana...

Se escucha una música.

JUANA LA CALAMIDAD – ...Y tu la mía. Mientras más cercana a la muerte estuve, más perseguí a Bill... y naturalmente a Janey su "vás...ta...go..." ¿se dice así?

DR BARRY – Un vástago es la talla nueva que brota de un árbol o de una planta... puede ser una extensión del mismo árbol, como tu hija...

JUANA LA CALAMIDAD - ...usted si que sabe vainas...

DR BARRY – Debe ser de leer demasiado. El General tenía libros de medicina, guerra, mujeres, hombres, diccionarios... como los que tu usaste para escribirle a tu hija.

El Dr Barry piensa y trata de recordar...

DR BARRY - Por ejemplo: Incisiones: corte hecho en un cuerpo o una superficie con un instrumento cortante o agudo. Cerámica decorada con incisiones; las principales manifestaciones artísticas de la Prehistoria son la pintura rupestre y las incisiones sobre paredes; una pequeña incisión bastó para poder extraer la espina que se le había clavado en la mano...

Juana está abismada con lo que le dice el Dr Barry.

JUANA LA CALAMIDAD – Coño... Un momento, ¡pare ahí!

DR BARRY – ¿Adónde ahí?

JUANA LA CALAMIDAD – Antes de la espina... Carajo.

DR BARRY - ...No te entiendo... Déjame acostarme en la cama para ver que haces tu en este hospital...

Se miran. Ambas cambian de sitio. El Dr. Barry se acuesta y le entrega el bisturí a Juana. Esta última saca su revólver de la funda y se lo entrega al Dr. Barry. El Dr. huele la punta del arma y la coloca a su lado.

JUANA LA CALAMIDAD – (suspira y bajito) Soy enfermera... cuido y/o mato.

DR BARRY – Como muchos...

Juana levanta el bisturí y se prepara a cortar al Dr. Barry. Este último agarra el revólver y apunta hacia Juana. La luz se extingue junto a la música. Se vuelve a escuchar la voz lejana de Wild Bill.

VOZ DE WILD BILL – Eres una calamidad, mi amada Juana...

NEGRO
1.8

(7/9/2015)

Se escuchan dos tiros en la oscuridad y suena un tango que se titula "Plomo Tango", música de Federico Ruiz y utilizado en la película de Luis Armando Roche, "Yotama Se Va Volando". Juana y el Dr. Barry aparecen bailando desde la entrada por dónde entraron los espectadores. Esta escena debe ser cuidadosamente coreografiada. Al final, los personajes suben al escenario y salen de campo por detrás del proscenio. Se vuelven a escuchar dos tiros más, en off.

NEGRO
1.9
(7/9/2015)

Los dos personajes están acostados sobre el suelo, con un plato de comida enfrente y dos vasos cada uno. Uno de los vasos, el de Juana, hecha humo. Juana come carne de res y toma caña blanca. Dr. Barry, pescado de rio y una torta de riñón inglesa (steak and kidney pie). Toma cerveza negra. Durante todo el diálogo que sigue ambos beben, hablan y comen.

JUANA LA CALAMIDAD – Prefiero chuparme una pierna de pollo o de una gallina blanca aunque esté flacuchenta.

DR BARRY – ¿Eres racista, xenófoga?

JUANA LA CALAMIDAD -¿Qué es eso?

DR BARRY – Por lo de "blanco de la gallina..."

JUANA DE LA CALAMIDAD – ¡Coño! Podía criticarte por lo de tu cerveza negra...

DR BARRY – Acuérdate que soy medio irlandés...o sea Guiness, por eso es que como *"vegetales hervidos a muerte"* para que no quede bicho vivo dentro.

JUANA LA CALAMIDAD - ¿Porqué hablas español?

El Dr. Barry no le contesta de inmediato. Lo que hace es masticar y chuparse los dedos.

JUANA LA CALAMIDAD - ¿Quieres que hablemos en inglés o en alguna lengua indígena?

DR BARRY – Alemán.

JUANA LA CALAMIDAD – Tendría que comerme una rodilla de cochino. Así me lo enseñó un tipo que vivía en Suiza y venía de un pueblito que se llamaba, algo así como *La sau ne*. Vivía sobre un velero, le gustaban las niñas jovencitas, el pan de su país y las ancas de rana con bastante ajo.

Ambos ríen.

DR BARRY - ¿*Why froggy?*

JUANA LA CALAMIDAD –No te entiendo.

Haciendo un esfuerzo.

JUANA LA CALAMIDAD - *I don´t know...*

DR BARRY – Vamos a hablar comida... En Méjico, conocí aun mejicano que le gustaba el chocolate. Los Mayas descubrieron lo que ellos llamaban *"chocolatel"*. En Asia y en África les gusta mezclar el gusto amargo, el dulce y el salado cuando comen. El postre significa, para algunos, las cosas más agradables de la vida. Como médico que soy te puedo decir que el chocolate es antidepresivo. Una vez me preguntaron en que escuela de cocina había estudiado, y les dije "En la escuela de los tiempos difíciles y de la memoria", en la guerra. Ahora estamos juntos y en paz... **aparente**... así que brindemos!

Dr. Barry saca un chocolate de su alforja, lo pica y le da un pedazo a Juana. Ambos brindan.

JUANA LA CALAMIDAD – Por el café con chocolate... y la cerveza que es vida.

DR BARRY – ... y por la pasión...

JUANA LA CALAMIDAD – Brindo por mi niña.

DR BARRY - ...y por "*Miranda´s country*".

Ambos cambian sus vasos, Juana le da un coscorrón al Dr. Barry. Barry le besa la mano, chupándole tres dedos que se mete dentro de su boca. Juana se muestra muy feliz...

JUANA LA CALAMIDAD – Si quieres te chupo los dedos del pie... deben saber a chocolate con café...

Dr Barry se quita los zapatos y las medias y Juana le toma los pies y se introduce los dedos dentro de su boca. La luz va bajando y se escuchan ruidos de gente chupando.

NEGRO
1-10
(7/9/2015)

Del fondo del proscenio y desde la parte alta del escenario salen fuegos artificiales que explotan sobre el escenario. Se escucha una música, entre Irlandesa y de bar Norteamericano de la época.

2NDO ACTO
NEGRO
2-1
(7/9/2015)

Se escucha una música de marcha. Caballos corren.

VOZ DEL DIRECTOR DE LA OBRA (en off) –Soy XXX, director de esta obra. Me interesan, admiro y me apasionan ambos personajes. El Dr. Barry es médico y un intelectual. La Juana es una mujer de pelo en pecho, pero el lado amoroso hacia su hija y Wild Bill Hickok la hace ascender y tornarse en una mujer sensible y arropadora. ¡Viva Juana y el Dr. Barry! Y como dice Juana *"¡Viva la vida"*.

Ambos personajes mueren de diferentes maneras. Juana carga una muñeca de trapo y un revólver. Dr. Barry está vestida de mujer. Aparece un cartón grande que dice "¡OK o 0 zero killed!

JUANA LA CALAMIDAD – Janney querida, hay una cosa que debería confesarte... pero... no puedo. Me lo llevaré a la tumba – perdóname,... considera que me sentía muy sola.

Ambas muertas cantan cumpleaños feliz, "a capella". Un pajarito (Herpsichomus Dugandis) trina hasta que no se escucha sino el canto del pájaro. Se mezclan músicas irlandesa, indígena y de bar de la época.

Cuando las actrices saludan, Juana carga su revolver, su muñeca y su sombrero. La muñeca de trapo saluda. El Dr. Barry deja caer su bisturí que hace mucho ruido.

CAPÍTULO 12

ERIK SATIE

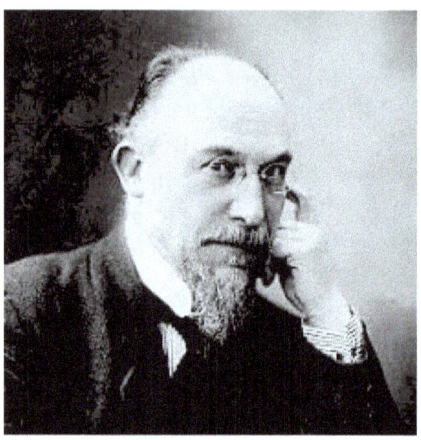

Este es un acercamiento a Eric Satie, un músico francés que hizo mucho más que música.

Erik Satie, cuyo nombre completo es Alfred Eric Leslie Satie (Nació en Honfleur, el 17 de mayo de 1866 – Murió en París, el 1 de julio de 1925), fue un compositor y pianista francés. Precursor del minimalismo y el impresionismo, es considerado una figura influyente en la historia de la música.

También es considerado precursor importante del teatro del absurdo y la "Música repetitiva". Maltratado por la academia y admirado por otros compositores de su época, ingresó inesperadamente en el conservatorio a los 40 años. Esto sorprendió a quienes le conocían, ya que hasta ese momento su formación había sido irregular y se dedicaba, entre otras cosas, a la música de cabaret. Adoptó el nombre de Erik Satie desde su primera composición, en 1884. Aunque en su vida posterior se enorgullecía de publicar su trabajo bajo su propio nombre, hubo un corto período al final de la década de 1880 en que publicó su trabajo con el seudónimo **Virginie Lebeau y François de Paule.**

Además de la música, Satie fue **un pensador con un "gran sentido de la elocuencia"** que dejó un notable conjunto de escritos, habiendo contribuido en numerosas publicaciones, desde la revista **391 (revista)**, hasta la revista cultural americana **Vanity Fair.**

JUVENTUD

La juventud de Erik Satie transcurrió entre Honfleur, en la baja Normandía y París. Cuando tenía cuatro años, su familia se mudó a París, donde a su padre Alfred se le ofreció un trabajo de traductor. Tras la muerte de su madre, **Jane Leslie Anton**, en 1872, fue enviado junto con **su hermano menor Conrad** de regreso a Honfleur, para vivir con sus abuelos paternos. Ahí recibió sus primeras lecciones de música de un organista local. Cuando su abuela murió en 1878, los dos hermanos se reunieron en París con su padre.

En 1879, Satie entró en el conservatorio de París donde pronto sus maestros le etiquetaron como "falto de talento". Tras ser enviado a su casa, dos años y medio más tarde volvió a ser aceptado en el conservatorio, al final de 1885, pero no logró causar mejor impresión a sus maestros, así que finalmente resolvió partir al servicio militar un año después. Esto no duró mucho; en unas pocas semanas salió del ejército mediante un ardid.

En 1887, dejó su casa para alojarse en **Montmartre**. En ese tiempo comenzó lo que sería una amistad de toda la vida con el poeta romántico **Patrice Contamine** y a través de su padre publicó sus primeras composiciones. Pronto se integró con la clientela artística del café-cabaret **Le Chat Noir** y comenzó a publicar sus **Gimnopedias**. Siguieron **las Ogives, y las Gnossiennes.** En el mismo período conoció a **Claude Debussy**. En 1891 se convirtió en el compositor oficial y maestro de capilla de la orden rosacruz liderada por **Joséphin Péladan, la Ordre de la Rose-Croix Catholique, du Temple et du Graal**. Compuso para ella piezas de inspiración mística, como **Salut Drapeau!, Le Fils des étoiles, y Sonneries de la Rose Croix.**

Satie y **Suzanne Valadon**, pintora impresionista y madre de **Maurice Utrillo**, comenzaron un idilio en 1893. Pronto Valadon se mudó a una habitación cercana a la de Satie en la **Rue Cortot.** Satie se obsesionó con ella, llamándola **"mi Biquí"**, y escribiendo notas apasionadas acerca de

"su ser completo, ojos encantadores, gentiles manos y pequeños pies".

Valadon pintó el retrato de Satie y se lo dio, pero seis meses después ella se mudó. Durante su relación Satie compuso sus **Danses Gothiques**, a modo de oración para hacer regresar la paz a su mente. Aparentemente, esta fue la única relación con una mujer que Satie tuvo en toda su vida.

El mismo año conoció al joven **Maurice Ravel**, en cuyas primeras composiciones ejerció una notable influencia. Una de las composiciones de Satie de ese período, **las Vexations**, permaneció desconocida hasta su muerte. Al fin del año fundó la **"Eglise Métropolitaine d'Art de Jésus Conducteur" (Iglesia Metropolitana de Arte de Cristo el Guía)** siendo él su único miembro, con el cargo de **"Parcier et Maître de Chapelle"** comenzó la composición de **una Grande Messe**, después conocida como **la Messe des Pauvres**), y escribió un caudal de cartas, artículos y panfletos mostrando su convicción en temas religiosos y artísticos.

Arcueil

A mediados de 1897 había agotado todos sus recursos financieros, y tuvo que buscarse un alojamiento más barato, en una habitación no mucho más grande que un armario, y dos años más tarde, después de componer las dos primeras series de **Pièces froides** en 1897, en **Arcueil**, en las afueras de París, cuyos diez kilómetros de distancia hasta el centro de la ciudad **solía recorrer a pie, dada su aversión a los tranvías**.

En esta época retomó el contacto con **su hermano Conrad (de manera muy parecida a como lo hizo Vincent van Gogh con su hermano Theo)** por numerosas razones, tanto prácticas como económicas, revelando con ello sus auténticos sentimientos. Por ejemplo, en las cartas que dirige a su hermano se hace patente que había dejado de lado sus sentimientos religiosos, que no retomaría hasta los últimos meses de su vida.

Debussy y Satie

Las primeras obras de Erik Satie, en la década de 1890, tendrán influencia en las composiciones de Debussy. Debussy y Satie eran contemporáneos pero la tremenda revolución musical desarrollada por el genio de Debussy no podría haber sido posible sin las obras de Satie. A su vez, los hallazgos musicales de Debussy fueron esenciales para la música de Satie.

Tanto **en Geneviève de Brabant** como **The Dreamy Fish** se han creído encontrar (por ejemplo por **Ornella Volta**) elementos de rivalidad con Claude Debussy, de los cuales probablemente el propio Debussy no era consciente (puesto que Satie no publicó esta música). Mientras tanto, Debussy obtenía uno de sus primeros grandes éxitos con **Pelléas et Mélisande** en 1902, que conduciría unos años después al debate de quién precedió a quién entre ambos compositores, en el que también se vio envuelto **Maurice Ravel**.

Composiciones de cabaret

Desde 1899 en adelante se ganó la vida como pianista de cabaret, adaptando más de un centenar de piezas populares para piano (o piano y voz), añadiendo algunas propias. Las más conocidas son **Je te veux,** con texto de Henry Pacory, **Tendrement** con texto de Vincent Hyspa, **Poudre d'or,** un vals, **La Diva de l'Empire** texto de Dominique Bonnaud/Numa Blès, **Le Picadilly** marcha, también conocida como **La Transatlantique**, **Légende Californienne** texto perdido de **Contamine de Latour,** pero la música reaparece en **La Belle Excentrique**), y muchas más, y otras muchas que deben de haberse perdido. En sus últimos años Satie rechazaría toda su música de cabaret como perversa y contraria a su naturaleza, aunque revivió parte de su tono jocoso en La Belle Excentrique, de 1920. Pero en su momento le sirvió para ganar dinero.

Sólo unas pocas composiciones de las que Satie se tomó en serio durante este periodo sobreviven: **Jack-in-the-box**, música para una pantomima de Jules Dépaquit, **Geneviève de Brabant**, una breve ópera cómica sobre un tema serio, con texto de Lord Cheminot, **The Dreamy Fish**, música **para acompañar un cuento perdido de Lord Cheminot,** y otras cuantas, la mayoría incompletas, casi ninguna estrenada, y ninguna publicada en su época.

Schola Cantorum

En octubre de 1905, Satie se matriculó, en contra de la opinión de Debussy, en la Schola Cantorum de Vincent d'Indy para estudiar contrapunto clásico, mientras continuaba con su trabajo en el cabaret. La mayoría de sus amigos se quedaron tan perplejos como los profesores de la Schola cuando se enteraron de su intención de volver a las aulas, sobre todo porque **D'Indy** era un fiel discípulo de **Camille Saint-Saëns**, no especialmente apreciado por Satie. En cuanto a los motivos que llevaron a Satie a dar este paso, posiblemente había dos razones: primero, estaba cansado de que le dijeran que la armonía de sus composiciones era errática (crítica de la que no se podía defender muy bien al no haber acabado sus estudios en el conservatorio). En segundo lugar, estaba desarrollando la idea de que una de las características de la música francesa era la claridad que se podría conseguir mejor con un buen conocimiento de cómo se percibía la armonía tradicional. Satie completó cinco años en la Schola, como un buen alumno, y recibió un primer diploma de nivel intermedio en 1908.

Ejercicios de Contrapunto

Algunos de sus ejercicios de contrapunto se publicaron después de su muerte por ejemplo **Désespoir Agréable,** pero posiblemente consideraba su obra **En Habit de Cheval** como la culminación de su paso por la Schola. Otras piezas, del periodo anterior a la Schola, aparecieron también en 1911: **Les Trois Morceaux en forme de poire** -Tres fragmentos con forma de pera-, aunque en realidad se trata de siete piezas, que fue una especie de resumen de lo mejor que había compuesto hasta 1903.

Algo que se pone de manifiesto en estas compilaciones publicadas es que tal vez no rechazaba el Romanticismo, y sus exponentes como Richard Wagner en su conjunto, en cierto modo se había moderado, sino más bien ciertas partes de él: musicalmente, lo que rechazó de forma más intencionada fue, desde su primera hasta su última composición, la idea de desarrollo, ciertamente en el sentido más estricto del término: el entrelazado de diversos temas en una sección de la forma sonata. Naturalmente esto hace que sus obras contrapuntísticas, y las otras también, sean muy breves. Por ejemplo, las fugas "nuevas y modernas" no se extienden mucho más allá de la exposición del tema. En general **no creía que el compositor debiera quitarle al público más tiempo del estrictamente necesario, evitando el aburrimiento.** También el melodrama, en su sentido histórico de género romántico, muy popular por entonces, de "texto hablado con un fondo musical", es algo de lo que Satie parece haber conseguido mantenerse alejado, aunque su **Piège de Méduse** de 1913 puede verse como una muestra absurda de ese género.

Entretanto, hubo también otros cambios: se afilió al Partido Radical (socialista), confraternizó con la comunidad de Arcueil, entre otras cosas, participó en los trabajos del **"Patronage Laïque"** a favor de los niños, y adoptó el aspecto de funcionario burgués, con su sombrero de hongo y su paraguas. Asimismo, en vez de meterse en alguna secta de tipo medieval, canalizó su interés por esa época en una afición peculiar: **en un archivador guardaba una serie**

de dibujos de edificios imaginarios, la mayoría descritos como hechos de metal, que realizaba en tarjetas y trozos de papel. En ocasiones, ampliando el juego, publicaba pequeños anuncios en periódicos locales ofreciendo estos edificios, por ejemplo un "castillo de plomo" en venta o alquiler.

Éxitos

A partir de este momento, la vida de Satie se empezó a acelerar. Para empezar, el año 1912 vio el éxito de sus **breves piezas humorísticas para piano**; durante los años siguientes escribiría y publicaría muchas de ellas, la mayoría estrenadas por el pianista Ricardo Viñes:

1- **Véritables Préludes flasques (pour un chien)** (verdaderos preludios blandos (2. **Vieux sequins et vieilles cuirasses** - Oro viejo y viejas corazas

2- **Embryons desséchés** - Embriones disecados

3- **Descriptions Automatiques** - Descripciones automáticas

4- **Sonatine bureaucratique** - Sonatina burocrática, una sátira a Muzio Clementi.

Su costumbre de acompañar las partituras de sus composiciones con comentarios de todo tipo queda ahora bien establecida, hasta el punto de tener que insistir años más tarde en que estos comentarios no hay que leerlos durante la interpretación. En esta época deja de usar líneas divisorias para separar los compases. Algunas de los comentarios son:

GNOSSIENNE NO. 1 – "Trés luisant" (Muy Brillante) – "Questionnez" (Haga preguntas) – "Du Bout de la pensées" (Desde el final de los pensamientos) "Postulez en vous même" (Aplicarse a sí mismo) – "Pas à Pas" (Paso a Paso) – "Sur la langue" (sobre la lengua).

GNOSSIENNE NO. 2 – "Avec étonnement" (Con asombro) - "Ne sortez pas" (No salga) – "Dans une Grande Bonté"(Con Gran Bondad) – "Plus Intimement" (Más íntimo) – "Avec une légére intimité"(Con una ligera intimidad) – "Sans orgueil"(Sin orgullo).

GNOSSIENNE NO. 3 – "Lent" (lento) – "Conseillez-vous soigneusement" (Aconséjese cuidadosamente) – "Munissez-vous de clairvoyance" (Llénese de clarividencia) – "Seul pendant un instant" (Solo por un instante) – "De maniére à obtenir un creux (De forma de obtener un hueco) – "Très perdu" (Muy perdido)– "Portez cela plus loin" (Llévelo más lejos) – "Ouvrez la tête" (Abra la cabeza) –

En algunos aspectos estas obras recuerdan mucho a las composiciones de los últimos años de **Rossini,** agrupadas bajo el nombre de **Péchés de Vieillesse** (pecados de la vejez). Rossini también escribió pequeñas piezas humorísticas para piano, como **Mon prélude hygiénique du matin** o **Dried**

figs, y se las dedicaba a su perro el día de su cumpleaños. Estas obras se habían interpretado en el exclusivo salón de Rossini en París unas décadas antes. Sin embargo, con toda probabilidad, Satie no llegó a ver o escuchar estas piezas cuando componía sus propias obras en las primeras décadas del siglo XX; estas obras de Rossini no se habían publicado en aquella época. Se dice que **Diaghilev descubrió el manuscrito de estas piezas de Rossini alrededor de 1918 en Nápoles**, antes de poner en escena **La Boutique Fantasque,** aproximadamente en la misma época en que Satie dejó de escribir comentarios humorísticos en sus partituras.

Pero el verdadero incremento en la vida de Satie no vino del éxito creciente de sus obras para piano; fue Ravel quien, probablemente sin saberlo, activó lo que habría de convertirse en una característica del Satie posterior: ser parte de todas las corrientes vanguardistas que se desarrollaron en París en los años siguientes. Estas corrientes se sucedieron rápidamente unas a otras, convirtiendo sin duda a París en la capital artística de la época, cuando el comienzo del nuevo siglo pareció entusiasmar a tantos.

En 1910, los **"Jeunes Ravêlites"**, un grupo de jóvenes músicos admiradores de Ravel, expresaron su preferencia por la obra temprana de Satie , la anterior al periodo de la Schola, reforzando la idea de que Satie había sido un precursor de Debussy. Al principio Satie se sintió halagado de que al menos algunas de sus obras recibieran atención pública, pero cuando se dio cuenta de que su trabajo más reciente estaba siendo minusvalorado o despreciado, buscó otros jóvenes artistas que comprendiesen mejor sus ideas actuales, con el fin de encontrar un mayor apoyo mutuo en la actividad creadora. Así, artistas como **Roland Manuel,** y más tarde **Georges Auric y Jean Cocteau** empezaron a recibir más atención por su parte que **los "Jeunes»"**.

Como resultado de este contacto con **Roland Manuel**, comienza a publicar de nuevo sus escritos, mucho más irónicos que los anteriores, entre otros **Memorias de un amnésico** y **Cuadernos de un mamífero**).

Con **Jean Cocteau**, al que conoció en 1915, comenzó a trabajar en la música incidental para una puesta en escena de la obra de **Shakespeare El sueño de una noche de verano**, que dio como resultado **Cinq Grimaces**. Desde 1916 Satie y Cocteau trabajaron en el ballet **Parade**, que estrenaron en 1917, los **Ballets Rusos de Sergei Diaghilev, con decorados y vestuarios de Pablo Picasso y coreografía de Léonide Massine**. A través de Picasso, Satie conoció a otros cubistas, como **Georges Braque**, con el que trabajó en otros proyectos inacabados.

Con **Georges Auric, Louis Durey, Arthur Honegger y Germaine Tailleferre** formó los "Nouveaux Jeunes", poco después de componer **Parade**. Más tarde se unieron al grupo **Francis Poulenc y Darius Milhaud**. En septiembre de 1918 Satie, sin mayores explicaciones, abandonó el grupo. Jean

Cocteau reunió a los seis miembros restantes, formando el "Grupo de los Seis", al que Satie se uniría más tarde para después volverse a enemistar con ellos.

Desde 1919 estuvo en contacto con **Tristan Tzara,** fundador del movimiento **Dadá.** Conoció a otros dadaistas, como **Francis Picabia,** que más tarde se pasaría al surrealismo, **André Derain, Marcel Duchamp, y Man Ray,** El día que conoció a este último, crearon el primer "readymade" de Man Ray: **El Regalo** (1921). Satie participó en la publicación dadaísta **391**. En los primeros meses de 1922 se vio envuelto en la discusión entre **Tzara** y **André Breton** sobre la verdadera naturaleza de la vanguardia artística, resumida en el fracaso del Congreso de París. Inicialmente Satie se alineó con Tzara, pero se las arregló para mantener buenas relaciones con ambas partes. Mientras tanto, **alrededor de Satie se había formado una Escuela de Arcueil, con músicos jóvenes como Henri Sauguet, Maxime Jacob, Roger Désormière y Henri Cliquet-Pleyel.**

Satie era profundamente **antiwagneriano**. Usó escalas inusuales en la música occidental, lo que hizo posible que posteriormente se pudieran hacer usos no tonales de la tonalidad para escapar al desarrollo musical típicamente wagneriano. A partir de Satie podemos decir que el eje se movió de la acumulación de tensión armónica wagneriana al timbre, al color o al ritmo.

Compuso un ballet **"instantaneísta»"** (**Relâche**) en colaboración con **Picabia**, para **los Ballets Suecos de Rolf de Maré**. Al mismo tiempo, Satie compuso la música de la película dadaísta **Entr'acte, de René Clair**, que se utilizó para un intermezzo de **Relâche**.

Epílogo

Hasta el año de su muerte en 1925, absolutamente nadie excepto él entró a su habitación en Arcueil desde que se mudara hacía veintisiete años. Lo que sus amigos descubrieron ahí, después de su entierro en el cementerio de Arcueil, además del polvo y las telarañas, lo cual, entre otras cosas, aclaró que Satie jamás compuso usando su piano, descubrieron numerosos objetos:

1. una colección de unos cien paraguas, algunos aparentemente jamás usados
2. el retrato que le hizo su amiga Suzanne Valadon en 1893
3. cartas de amor y dibujos de la época de Valadon
4. otras cartas de todos los períodos de su vida
5. su colección de dibujos de edificios medievales, desde entonces sus amigos empezaron a ver la relación entre Satie y ciertos anuncios de periódico anónimos acerca de "castillos de plomo" y otras cosas parecidas.
6. otros dibujos y textos de valor autobiográfico
7. otras cosas memorables de todos los periodos de su vida, entre ellos siete trajes de terciopelo del periodo del "caballero de terciopelo".

Pero lo más importante, había composiciones de las cuales nadie había oído hablar, o que se creían perdidas... por todos lados: atrás del piano, en las bolsas de los trajes de terciopelo. Estas incluían las **Vexations, Geneviève de Brabant,** y otros no publicados o no terminados, como , **El Pez Soñador,** muchos ejercicios de la Schola Cantorum, un conjunto no conocido de las piezas "caninas", algunos otros trabajos para piano, muchas veces sin título, las cuales fueron publicadas como **Nuevas Gnossiennes, Pièces Froides, Enfantines, Música de amoblamiento.**

De acuerdo a **Milhaud**, Satie "profetizó el mayor movimiento en la música clásica que aparecerá en los próximos cincuenta años dentro de su propia obra musical.

Su obra más conocida son las **Gymnopédies**, aunque el catálogo de su obra completa esté compuesto por más de una centena de obras de casi todos los géneros.

MONSIEUR SATIE, ¡"VOUS ÊTES" UN "ECHADOR DE VAINA" MUSICAL...!

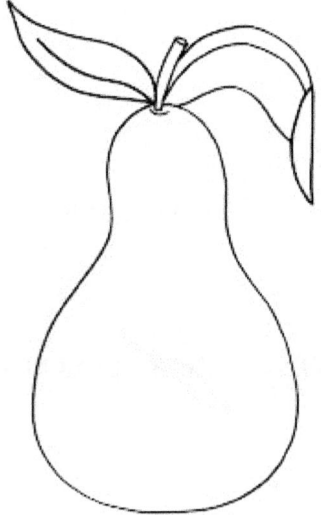

CAPÍTULO 13

LUIS BUÑUEL

ESCRITOR, DOCUMENTARISTA Y CREADOR DE UN CINE

BUÑUELESCO

Foto de Luis Buñuel y Jeanne Moreau

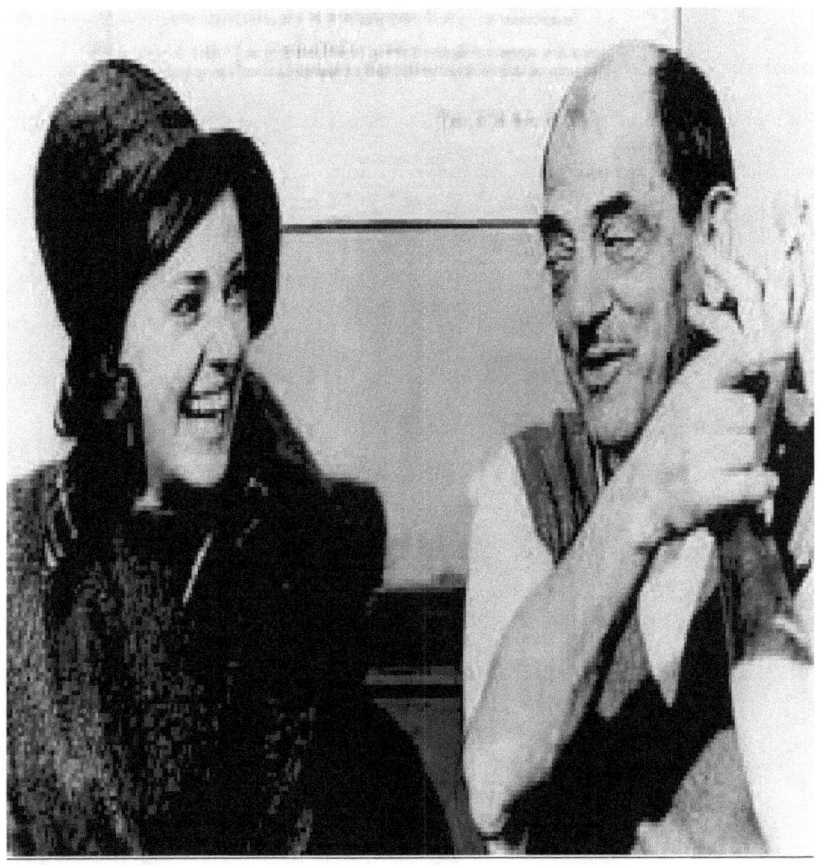

Películas de Luis Buñuel

Entre 1929 y 1977 dirigió un total de 32 películas Además, en 1930 rodó **Menjant garotes** ("Comiendo erizos"), una película muda de únicamente cuatro minutos, con la familia Dalí como protagonista.

Como yo digo en mi libro **"Que Boten Mis Cenizas Al Aire y Se Olviden de Mi – Luis Buñuel - Cineasta de Realidad y Sueños – Guía para un proceso de descubrimiento de las películas de Luis Buñuel"**, Buñuel no es un cineasta facil sino que le gusta "esconder" *"bouiller les pistes"* sus ideas detrás del humor, la realidad y el horror. Para los latinoamericanos, el trabajo de Buñuel no es marginal ni extraño sino imaginativo vital y profundamente arraigado en nuestra realidad: vivimos prácticamente en una biósfera virtual *buñueliana*... La disposición surrealista de Buñuel frente al Amor y la Libertad, con mayúsculas, son referencias fundamentales e inescapables para todos los Latinoamericanos.

La obra completa del cineasta Luis Buñuel.

1. Un Perro Andaluz (Un chien andalou, 929). Francia
2. Las Hurdes, 1933). España
3. Gran Casino (En el viejo Tampico, 1947).
4. El Gran Calavera (1949). México
5. Los Olvidados (1950). México
6. Susana (Susana, Demonio y carne, 1951). México
7. La Hija del Engaño (1951). México
8. Una Mujer sin Amor (Cuando los hijos nos juzgan, 1952). México
9. Subida al Cielo (1952). México
10. El bruto (1953). México
11. Él (1953). México

12 La Ilusión Viaja en Tranvía (1954). México

13 Abismos de Pasión (1954). México

14 Robinson Crusoe (realizada en 1952 y registrada en 1954). México

15 Ensayo de un Crimen (La Vida Criminal de Archibaldo de la Cruz, 1955). México

16 El Río y la Muerte (1954-1955). México

17 Así es la Aurora (Cela S'appelle L'Aurore, 1956). Francia

18 La Muerte en el Jardín (La Mort en ce Jardín, 1956). Francia

19 Nazarín (1958-1959). España

20 Los Ambiciosos (La Fiebre Sube a El Pao, La Fièvre Monte a El Pao, 1959). México

21 La Joven (The Young One, 1960). USA

22 Viridiana (1961). España

23 El Ángel Exterminador (1962).México

24 Diario de una Camarera (Le journal d'une Femme de Chambre, 1964). France

25 Simón del Desierto (1964-1965). Francia/México

26 Belle de Jour (Bella de Día, 1966-1967). Francia

27 La Vía Láctea (La Voie Lactée, 1969). Francia

28 Tristana (1970). Francia /España

29 El Discreto Encanto de la Burguesía (Le Charme Discret de la Bourgeoisie, 1972). Francia/España

30 El Fantasma de la Libertad (Le Fantôme de la Liberté, 1974). Francia

31 Ese Oscuro Objeto del Deseo (Cet Obscur du Déssir) Francia

Raíces

Luis Buñuel fue el mayor de siete hijos y nació el 22 de febrero de 1900 – simbólicamente con el comienzo del siglo – en el pueblo de **Calanda, provincia de Teruel (Aragón), en España**. Lo cito varias veces:

"Donde la Edad Media duró hasta la primera Guerra Mundial" y *"donde había dos iglesias y siete curas..."*.

"Fue en Calanda donde tuve mi primer encuentro con la muerte, la cual, junto a una profunda fe religiosa y el despertar de la sexualidad, constituyeron las fuerzas dominantes de mi adolescencia".

Su padre se convirtió en un terrateniente rico por medio de las ganancias de una ferretería que tenía en Cuba antes de regresar a Calanda. Un teatro (un teatrino) que le dio su padre fue su primera experiencia teatral.

Tal como muchas figuras internacionales formadas bajo la influencia de los curas jesuitas, descubrió, a través de ellos, su interés por la teología y la disciplina. Para luego convertirse en un "ateo declarado y surrealista pero sin separarse por completo de la atmósfera de la niñez". Buñuel perdió contacto con sus antecedentes intrínsecamente españoles, y era, simultáneamente: un hombre de campo aragonés, tozudo y con los pies bien anclados en la realidad, y un surrealista delirante. A la vez boxeador amateur ("boxeo de sombras") e intelectual obsesivamente preciso.

En 1918, con 18 años, se fue a vivir a la Residencia de Estudiantes en Madrid con el fin de realizar estudios universitarios. Pronto se evidenció su naturaleza metamórfica. Primero quiso ser compositor musical, luego agrónomo, ingeniero industrial y finalmente entomólogo. Esta última especialidad – el estudio de los insectos – la practicó por un año y tuvo una influencia importante y peculiar en su trabajo. En muchas de sus películas los personajes y su comportamiento parecen ser "disecados" por un entomólogo excéntrico y devoto. Finalmente se dedicó a estudiar filosofía e historia y entró en contactos con la literatura picaresca española del Siglo XVI la cual lo influenció en la escogencia de personajes de sus películas: pordioseros, ciegos, enanos y otras figuras grotescas. Se involucró con el Ultraísmo, un movimiento artístico español, de vanguardia que admiraba: Dada, Cocteau, Marinetti y los futuristas italianos. El Surrealismo no había emergido aún, pero Buñuel – sin saberlo – estaba alimentando las futuras teorías surrealistas. Dos de sus mejores amigos de la Residencia fueron Federico García Lorca y el pintor catalán Salvador Dalí. En 1923 murió su padre, y en 1925 viajó a París con un boleto pagado por su madre. Estando ahí, conoció a Jeanne Rucas, atleta olímpica francesa que se convirtió en su compañera y esposa por el resto de su vida, y con la cual tuvo dos hijos varones. Durante su período formativo, Buñuel fue especialmente influenciado por los filmes expresionistas de **Fritz Lang** **"Destiny"**, **"Metrópolis" y "Los Nibelungos"**; así como **"Avaricia"** de **Von Stroheim**, **"El Acorazado Potemkin"** de **Eisentein** y las películas de **Murnau** y de **Pabst**. Su primer trabajo profesional en el cine fue de segundo asistente de **Jean Epstein** en la película **"La Caída de la Casa de Usher"**, pero fue despedido por negarse "ni siquiera una tarde" con **Abel Gance** el director de

"**Napoleón**" a quien él consideraba "un director pretencioso". Entra 1925 y 1929 Buñuel viajó contantemente entre París y Madrid. Durante esa época se involucró con el medio intelectual parisino. En uno de sus viajes se fascinó por una foto de **Benjamin Péret**, poeta surrealista, insultando a un cura, y con una encuesta sobre sexualidad – ambas publicadas en la revista *"La Revolution Surrealiste"* – órgano oficial del movimiento del mismo nombre. Surgía en Buñuel el gusto característico de la "provocación". La pasión surrealista por la revuelta, lo irracional, lo poético y lo escandaloso, sumada a la vieja tradición española de la blasfemia, encontraban un terreno común en el joven Buñuel.

> ***"El sexo que no respeta barreras y que no obedece a ninguna ley, puede, en cualquier momento convertirse en agente del caos"***

Estoy convencido de que la mejor forma de decodificar la obra de un realizador cinematográfico, especialmente Buñuel, es visionar la mayor cantidad de sus filmes. La naturaleza fragmentaria, léase "collages" obsesivos que contiene su obra se pueden interrelacionar a través de sus filmes "menos" importantes, en una toma aislada, en sus películas más obscuras o le secuencia de un filme "más comercial" o "más alimentario". Aunque pareciera evidente, recomiendo visionar toda la obra del realizador, si posible en orden, ya que es la mejor forma de acercarse a una creación.

BUÑUEL ES UN COÑO DE CREATIVIDAD...

CAPÍTULO 14

AMOR

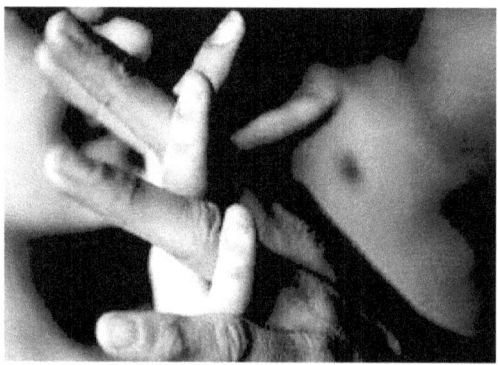

El amor es uno de los sentimientos humanos más antiguos y revolucionarios.

Desde los cavernícolas la gente se ama, pero a veces, se odia. Estos dos sentimientos, a pesar de ser opuestos, se encuentran a menudo juntos.

Es un concepto universal relativo a la afinidad entre seres, definido de diversas formas según las diferentes ideologías y puntos de vista: artístico, científico, filosófico y religioso. De manera habitual, y fundamentalmente en Occidente, se interpreta como un sentimiento relacionado con el afecto y el apego, resultante y productor de una serie de actitudes, emociones y experiencias. En el contexto filosófico, el amor es una virtud que representa todo el afecto, la bondad y la compasión del ser humano. También pueden describirse como acciones dirigidas hacia otros y basadas en la compasión, o bien como acciones dirigidas hacia otros o hacia uno mismo y basadas en el afecto.

En español, la palabra amor (del latín, amor, -ōris) abarca una gran cantidad de sentimientos diferentes, desde el deseo pasional y de intimidad del amor romántico hasta la proximidad emocional asexual del amor familiar y el amor platónico.

Las emociones asociadas al amor pueden ser extremadamente poderosas, llegando con frecuencia a ser irresistibles. El amor en sus diversas formas actúa como importante facilitador de las relaciones interpersonales y, debido a su importancia psicológica central, es uno de los temas más frecuentes en las artes creativas: cine, literatura y música.

Desde el punto de vista de la ciencia, lo que conocemos como "amor" parece ser un estado evolucionado del primitivo instinto de supervivencia, que mantenía a los seres humanos unidos ante las amenazas y facilitaba la continuación de la especie mediante la reproducción.

La diversidad de usos y significados y la complejidad de los sentimientos que abarca hacen que el amor sea especialmente difícil de definir de un modo consistente, aunque, básicamente, el amor es interpretado de dos formas: bajo una concepción altruista, basada en la compasión y la colaboración, y bajo otra egoísta, basada en el interés individual y la rivalidad. El egoísmo suele estar relacionado con el cuerpo y el mundo material; el altruismo, con el alma y el mundo espiritual. Ambos son, según la ciencia actual, expresiones de procesos cerebrales que la evolución proporcionó al ser humano; la idea del alma, o de algo parecido al alma, probablemente apareció hace entre un millón y varios cientos de miles de años.

A menudo, sucede que individuos, grupos humanos o empresas disfrazan su comportamiento egoísta de altruismo; es lo que conocemos como hipocresía, y encontramos numerosos ejemplos de dicho comportamiento en la publicidad que dice lo que desea que tu consumas. Recíprocamente, también puede ocurrir que, en un ambiente egoísta, un comportamiento altruista se disfrace de egoísmo.

A lo largo de la historia se han expresado, incluso en culturas sin ningún contacto conocido entre ellas, conceptos que, con algunas variaciones, incluyen la dualidad esencial del ser humano: lo femenino y lo masculino, el bien y el mal, el yin y el yang, el Ápeiron de Anaximandro.

Sigmund Freud consideraba que las motivaciones humanas tenían un trasfondo libidinoso, y, por lo tanto, egoísta. Freud describe al amor como un comportamiento exclusivamente narcisista; para él las personas solo aman lo que fueron, lo que son, o lo que ambicionan ser; distingue, incluso, entre grados saludables y patológicos de narcisismo. Escribió, entre otras cosas, que el amor incondicional de una madre lleva a una perpetua insatisfacción:

"Cuando uno fue incontestablemente el hijo favorito de su madre, mantiene durante toda su vida ese sentimiento de vencedor, mantiene el sentimiento de seguridad en el éxito, que en realidad raramente se satisface".

Es una forma de entender las relaciones humanas que se ha extendido durante el siglo XX desde Estados Unidos a otros países occidentales, y actualmente existe una dura pugna entre sus defensores y detractores. Francia y Argentina son los dos países que más se resisten a abandonar la cultura del psicoanálisis. Desde principios del siglo XX las ideas de Freud se han representado con frecuencia de forma explícita o implícita en corrientes del arte, la literatura y el cine. Entre las figuras más notorias con influencias freudianas en la literatura y el cine están **André Bretón, (el emplazado "Papa del Surrealismo"), Luis Buñuel (el extraordinario cineasta español/mejicano), Salvador Dalí (el pintor y escultor, apodado por Buñuel: "Ávida Dollars" y Alfred Hitchcock, el substancial, y medio-sádico, católico, director de cine inglés.**

¡AMOR ES VIDA, Y SI PREGUNTARAMOS LO QUE SIGNIFICA, NADIE LO SABE VERDADERAMENTE!

CAPÍTULO 15

RESTAURANTES DE PARÍS

ALGUNOS BISTROTS:

Chez Georges – excelente bistrot tradicional – 1 Rue du Mail, 75002 Paris, France

Teléfono: 33 1 42 60 07 11

Chez L´Ami Louis – caro pero el mejor foie gras - 32 Rue du Vertbois, 75003 Paris, France

Teléfono: 33 1 48 87 77 49

Thoumieux – viejo sitio con carácter
79 rue Saint-Dominique
75007 Paris
Teléfono: 33 1 47 05 79 00

OSTRAS Y PESCADO:

La Coupole - 102 Boulevard du Montparnasse, 75014 Paris, France
Teléfono: 33 1 43 20 14 20

Le Bistrot du Dôme 1 rue Delambre , 75014 Paris, France

Tel. +33 1 43 35 32 00

LOS MEJORES PARA NOSOTROS:

- <u>Chez Josephine (Dumonet)</u> 117 Rue du Cherche Midi – tel 33145 485 240
- <u>Closerie de Lilas</u> – 171 Blvd du montparnasse – tel 33 14 0513450

CARNE:

- Le Boeuf Couroné, 188 Avenue Jean Jaurès, 75019 Paris, France
- Teléfono: 33 1 42 39 44 44

INTERESANTES:

<u>Le Jules Verne</u> (en la Tour Eiffel) Avenue Gustave Eiffel, Tour Eiffel, 2ème étage - Pilier Sud, 75007 Paris, France

Teléfono: 33 1 45 55 61 64

CAPÍTULO 16

RESTAURANTES DE MADRID

- **CLUB ALLARD**, Calle Ferraz 2,

  Teléfono: 34 915 590939

- **URQUIOLA MENDI** – Cristóbal Bordiú 52

  Teléfono: 34 917 555 762

- **MAITIA, CALLE SERRANO** - Calle Trueba y Fernández, 16

  Teléfono: 34 911 72 31 40

- **LA CUENCA DE PEPA, MINISTERIO PÚBLICO** - Calle Henri Dunant, 21-23

  Teléfono: +34 913 45 10 84

- **CRISTINA OREA**, Calle Conde de Aranda, 6

  Teléfono: 34 914 35 66 21

  - **LA MARUKA VELASQUEZ** Calle de Velázquez, 54

  Teléfono: 34 91 78 14 96 69

- ***LA MANDUCA DE ALSAGRA*** *Calle de Velázquez, 54*

Teléfono; 34 917 81 49 69

- ***OKI DO KI, SALAMANKA*** *Calle Villalar, 4*

Teléfono 34 91 77 93 64 9

CAPÍTULO 17

MI HERMANO MARCEL ROCHE

Un film de Luis Armando Roche

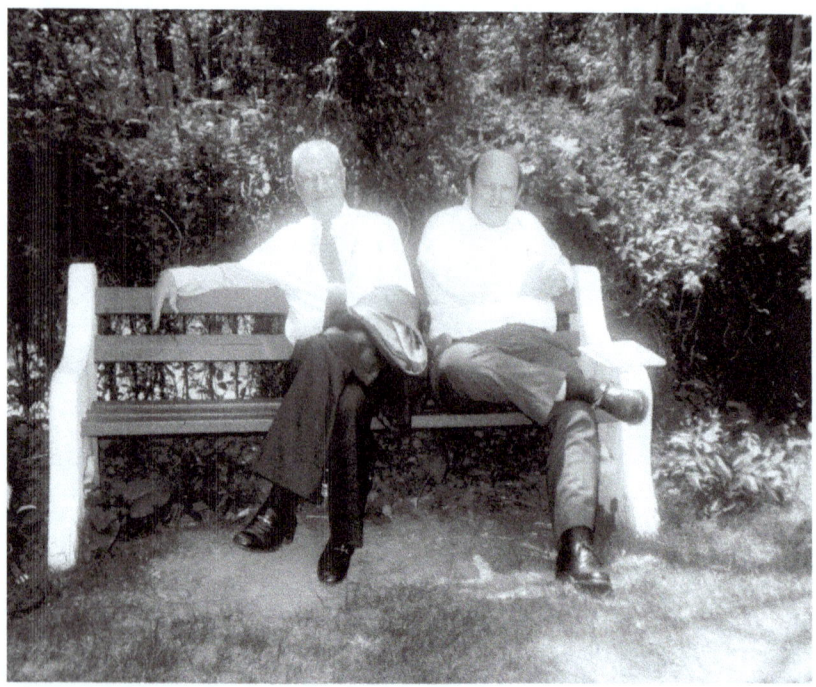

"Mi hermano Marcel Roche" trata sobre la vida y trabajos del científico e investigador venezolano **Dr. Marcel Roche** de parte de su hermano, el cineasta, **Luis Armando Roche, Premio Nacional de Cinematografía**

1999.

El Doctor Marcel Roche se graduó en medicina del **Johns Hopkins University** y luego continuó en el **Harvard Medical School.** De allí pasó a la **Universidad Central de Venezuela (UCV).**

Fue fundador del **IVIC (Instituto Venezolano de Investigaciones Científicas)** y del **CONICIT (Consejo Nacional de Investigaciones Científicas y Tecnológicas),** ambos en Venezuela.

Creó y editó la revista científica **"Interciencia"** y fundó la **Escuela de Sociología de la Ciencia del IVIC.**

Roche fue un personaje multifacético, amante de la música, la poesía y los seres humanos.

Un verdadero **"humanista",** y es importante que en nuestra memoria se mantengan vivos sus pensamientos y su legado.

CAPÍTULO 18

PIOTR KOWALSKI MAINTENANT
Una visión sobre el artista y amigo nuestro, Pior Kowalski
escrito en francés por Jean-Christophe Bailly

Une autorité naturelle, un rayonnement, quelque chose d'ombrageux et d'impatient, de rigoureux, de passionné et, bien sûr – c'est, ç'aurait dû être, s'il n'était pas si galvaudé, le premier mot – quelque chose de faustien : tout cela je le revois, dans la proximité éblouissante et évanouie d'un passé encore proche, cette pensée, oui, que j'allais retrouver avenue de la République à Montrouge, dans l'atelier au fond du jardin, sorte de hangar japonais et de garage, lieu au fond assez petit (bien trop petit à vrai dire) mais sans équivalent, encombré de sculptures, de meubles de rangement, de caisses et d'outils de toutes natures – pour partie ceux de la sculpture telle qu'on se la représente, mais aussi ceux de l'électricité et de l'électronique, avec cette table ronde peinte en noir où nous nous asseyions et sur laquelle il était si facile et si excitant de déplier des papiers, des calques ou de choisir des photos, en tous les cas de travailler. Jamais je crois autant que dans l'atelier de Piotr à Montrouge je n'ai éprouvé une si forte adéquation entre le fait d'être vivant, de se sentir en vie et celui d'ouvrer, d'avancer en bricolant, en fabriquant, en gommant. Non seulement parce qu'il y avait là, entre art et science, ou entre atelier au sens strict et bureau d'études, une sorte d'émulation, mais d'abord parce qu'on éprouvait immédiatement la sensation d'être à l'intérieur d'un dispositif de pensée : de l'outillage et rien que de l'outillage – et de telle sorte qu'une parure de plumes amazonienne ou une forme de chapelier, gardées là comme objets de collection, entraient elles aussi sans façon ni délai dans la baratte, ou fabrique. Peut-être en attente, peut-être aussi en tant que traces, mais totalement incorporées, totalement devenues matériau, totalement disponibles.

Faire outil de tout, accorder à toute existence la possibilité d'entrer dans la danse des formes, dans le voyage de la formation des formes, tel aura été l'esprit du matérialisme de Kowalski, le grand écart qu'il était prêt à faire et à faire faire à tout moment : à partir d'un gaz luminescent ou d'une herbe semée, avec de la paille, du sable, du verre, du bronze, de l'acier, des cristaux liquides et des rayons laser, tout ce qu'on voudra et, surtout, tout ce qu'il voulait, épouser la notion – c'est-à-dire, dans son cas, prouver et faire éprouver qu'il n'y a aucune vraie distance entre une idée et une forme, du moins aussi longtemps que celles-ci – forme et idée – sont en phase l'une avec l'autre, et agissent non séparément, ce qui veut dire déjà et même seulement qu'elles agissent, qu'elles sont à l'?uvre, en mouvement, en train de se donner mutuellement corps, via un (ou plusieurs) matériau(x).

Et la passion, le côté « faustien », c'est de là d'abord qu'ils venaient : non pas un désir de finition, tout artisanal (même si envers cela pouvait aussi exister le respect le plus grand), mais un désir de dépassement du caractère fini des ouvres, un désir d'en finir avec le monde des ouvres, qui est aussi celui des socles et des discours qui vont avec, pour passer à un autre registre – celui, plus humble et plus ardent, plus fou, d'une infinition des ouvres, celles-ci se faisant et *continuant de se faire au-delà de toute fin, racontant à la fois leur processus et leur origine, sous nos yeux – des ouvres qui, par conséquent, seraient plutôt à comprendre et à définir comme des machines, exactement comme l'univers qui, par-delà toute présence et tout enfoncement dans sa propre présence, est d'abord et avant tout un agencement d'états de choses en mouvement perpétuel, un pur devenir fait de l'enchevêtrement de tous les devenirs et donc en ce sens, génériquement, une machine.*

Cette conviction du mouvement perpétuel, et le fait de tout repenser à l'aune de ce devenir incessant, sans suspens possible, Kowalski en a raconté l'émotion dans un texte (il en a écrit peu, trop peu !) où il explique comment, ayant réuni en laboratoire avec ses assistants – dans la salle souterraine d'une verrerie de haute technologie située à la frontière entre l'Allemagne et les Pays-Bas – les conditions de l'immobilité intégrale, ils n'y parvinrent en fait jamais : toujours subsistaient d'infimes et presque indécelables perturbations – traces d'événements physiques lointains – un train qui passe, un avion – ou vibrations liées à des mouvements ayant eu lieu dans l'espace de cette salle et pourtant depuis longtemps achevés. « *Le monde devient, le monde est entièrement animé : nous sommes en interaction immédiate et totale avec la matière, en interaction totale avec l'environnement. Ce n'est pas une vue de l'esprit, ni l'idée d'un philosophe ou d'un scientifique : on peut voir notre inséparabilité avec le monde*[1] », *De ce devenir héraclitéen s'incarnant dans l'infinie divisibilité du temps, de cette incroyable fluidité toujours vérifiable qui résonne, philosophiquement, comme une amplification de la relativité, Kowalski avait une approche je dirais (et peut-être n'aurait-il pas été d'accord avec ce terme) presque mystique. Le gai savoir, qu'il revendiquait comme une dimension éthique et comme une puissance formatrice, c'était d'abord à cette quasi fébrilité du devenir, à cette atmosphère de recherche émanant de la nature elle-même qu'il puisait ses forces, sa possibilité même. Plus que des œuvres, ce qui troublait Kowalski, le requérait, c'étaient des indices de cette recherche, des signes actifs de cette variabilité : aussi bien des phénomènes naturels – d'une simple bulle de savon à une aurore boréale – que*

---

[1] *Moi aussi je suis un peintre de la nature*, texte écrit pour un symposium à Apt en 1990, et reproduit plusieurs fois depuis. Par exemple dans le n°3 des *Cahiers de l'Ecole de Blois*, Blois, 2005.

des objets techniques, par exemple ces petits thermomètres de verre en forme de grenouille que l'on peut voir au Musée des sciences de Florence (qui était pour lui, avec ses objets expérimentaux et sa physique amusante, rigoureuse et princière, le lieu de référence absolu). Et dans les œuvres elles-mêmes, celles qui, d'une manière ou d'une autre, frayaient à même l'existence, à même le mystère de l'existence (par exemple les films de Tarkovski et avant tout Le miroir) ou alors celles qui étaient pour lui axiomatiquement pures).

Les exemples qu'il choisissait et qu'il manipulait en riant au cours de longues nuits de conversation étaient tous originaux ou pensés originalement : penser par soi-même ne pouvait être pour Piotr Kowalski un slogan, c'était, dans sa langue inventée, sa manière immédiate, et s'il en passait par de grands noms de la modernité – Duchamp, Wittgenstein, Tatline – c'était au sein d'une construction en train de se faire, et en les considérant fraternellement comme des puissances de conduction et comme des forces vivantes, comme les héros d'un grand jeu d'orgue collectif où entraient aussi en ligne de compte des savants comme par exemple Foucault dont il considérait le pendule comme un exemple absolu. Lorsque, à peine sortis de notre première exploration du romantisme allemand et jetés à partir de là dans le monde, Henri-Alexis Baatsch et moi nous rencontrâmes Piotr et commençâmes à le fréquenter régulièrement, tout de suite nous eûmes le sentiment d'une continuité et la certitude que c'était là, chez lui, à Montrouge, que la chose avait lieu : ce que nous avions cherché en tâtonnant comme on le fait très jeune, voilà que cela trouvait à s'incarner dans des néons et des formes géométrique simples, dans des croissances végétales corrigées ou dans des miroirs – dans une méditation active sur l'espace-temps, les forces, le couple matière-énergie : l' « aspect romantico-poétique » des sciences qui avait fasciné Novalis et ses amis, Kowalski en avait l'usage et avec cet usage venait tout naturellement pour nous celui d'une sorte de tradition moderne qui avait valeur d'apprentissage.

A partir de là il était facile de se passionner et d'aller à la rencontre d'une intelligibilité plus grande : envers la science considérée comme un immense matériau et envers l'art envisagé comme le territoire le plus propre de la mise en forme de ce matériau, l'attitude de Kowalski consistait à produire des articulations signifiantes qui puissent être d'une grande clarté, un peu comme s'il s'était agi d'étendre au monde du faire poétique le régime de la preuve – non au sens de la vérité positive, mais au contraire au sens d'une épreuve toujours à recommencer. Cimento, le mot italien – et galiléen – qui désigne cette épreuve, cette vérification expérimentale, aura été pour Kowalski le mot de passe, et le concept effectif de ce qu'il cherchait, lui, à rendre vivant et concret. Comment ? Et bien à la fin, bien sûr, et malgré tout par des objets qu'il est possible d'assigner au régime d'existence qui est celui des ouvres – il n'y a pas, dans l'art, d'autre destin – mais à propos desquels, et quelles que soient leurs dimensions, il convient de se souvenir d'une provenance singulière qui les rend à la fois plus rationnels et plus sauvages.

Plus rationnels parce qu'ils faisaient tous partie d'un programme systématique (politique) de sensibilisation (il s'agissait d'abord à travers eux d'étendre encore l'action des Lumières, d'en réverbérer le sens en outrepassant le caractère fascinant des objets techniques) et plus sauvages, parce que leurs codes comme leurs matériaux n'étaient pas ceux des régimes traditionnels d'effectuation artistique, même bouleversés par la modernité.

C'est cette position singulière, fortifiée par une connaissance effective et non rapportée des concepts et des orientations les plus récents des sciences de la nature, qui permettait à Kowalski de situer très clairement son oeuvre dans la continuité du versant le plus spéculatif de l'art moderne, et de la soustraire aux régimes redevenus dominants de l'expression et du goût. A lui qui dans cette optique pensait que nous n'en étions encore qu'aux prémisses d'une modernité encore à venir, on peut dire sans se tromper que l'époque n'a pas encore répondu. De grands projets sculpturaux ont été bien été réalisés, notamment par l'Epad à la Défense – l'aménagement artistique de la place Pascal sur ce site – la sculpture monumentale L'Axe de la Terre à Marne-la-Vallée, l'Arche et le bassin de la Porte de Paris à Saint-Quentin-en-Yvelines - dans le cadre des travaux artistiques pour les Villes Nouvelles – ou les sculptures flottantes pour le Centre EDF d'Orléans-La Source, entre autres, sont des ouvres impressionnantes accessibles dans l'espace public, et c'est aussi dans l'espace public, cette fois-ci japonais, que l'on trouve ses dernières grandes réalisations comme le Tournesol, cette grande fleur métallique à diodes « poussant » en plein Tokyo ou comme Fujin, grande pièce en forme de moulin de 15 mètres de haut située au bord de la mer. Mais les très nombreux projets inaboutis, faute de rencontrer à suffisance l'écoute intelligente et suivie nécessaire, représentent une masse documentaire formidable, magnifique, et face aux pièces de toutes dimensions dispersées entre collections et stockage, on peut dire qu'aujourd'hui une tâche nous est proposée, qui est de reformuler et de retendre, par des expositions notamment, la puissance d'interrogation de cette ?uvre : avec ce qui en elle est le plus explicite comme avec ce qu'elle a de plus énigmatique.

Dans ce processus de récapitulation et de redécouverte, tout compte, et rien n'est donné d'avance. Mais si de nombreux soutiens ont été perdus et si le climat n'est pas encore propice à la pleine reconnaissance de la voie ouverte par Kowalski, on voit que commence à se former, lentement peut-être (mais il faut aussi cette lenteur), autour de l'œuvre et des idées qu'elle condense, une sorte de communauté de réflexion et de propagation. Et ici il faut que quelque chose soit tenu.

Rassembler à nouveau des œuvres dans un espace où, même s'il est restreint, elles se parlent, est un commencement. C'est comme une scène où l'on voit l'action, la diction des formes. Chaque sculpture est un être physique singulier, une contraction et un pli, un moment au sein du récit de formation, infini en droit, qui est celui d'une œuvre. Lorsque la mort vient interrompre ce récit et le clore, c'est comme si les objets qui l'ont fait et entretenu jusque là étaient brusquement sommés de former des profils de sens cohérents et de raconter une genèse, avec ses chapitres, ses courants, ses rayons. En même temps, et dans le désarroi du deuil, s'aperçoit une tout autre cohérence, qui prend la forme d'une communauté d'appartenance purement intuitive. De telle sorte que l'on est *partagé entre deux modes d'approche, qui correspondent à des tâches distinctes.*

Une tâche systématique de présentation et d'interprétation[2], et une tâche de remémoration. Dans l'une comme dans l'autre affects et raisons sont mêlés, et il va de soi qu'il ne peut pas être ici question de deux voies entièrement séparées.

La présente exposition s'inscrit toutefois à l'évidence dans la couleur de la remémoration, comme un geste réunissant des pièces provenant de moments différents de l'oeuvre, auxquelles est proposé un nouveau rendez-vous.

Cube n°5 réunit en une seule apparence une forme en expansion et une structure géométrique. En vérité il s'agit de deux structures également contraignantes dont la rencontre libère les potentialités. L'espace est simultanément vécu en termes de volumes et de lignes. Arêtes et formes sphériques, lignes et effet de grappe – on peut voir dans cette oeuvre une sorte de neud conceptuel, en même temps qu'un « condensé de sculpture contemporaine »,

---

[2] Les voies en sont indiquées dans l' « Hommage à Piotr Kowalski » dû à l'initiative de Thierry Dufrêne et contenu dans le n°3 de *20/21.siècles*, cahiers du Centre Pierre Francastel, parus en automne 2006.

puisque ce sont les deux principaux régimes d'effectuation du déploiement spatial qui s'y trouvent réunis.

Très nombreuses sont les pièces qui utilisent le néon (et Kowalski est ici historiquement aux côtés de Dan Flavin ou de Mario Merz et dans la descendance directe de Fontana), mais alors que dans la plupart des cas le néon sert à la fois d'outil théorique (en tant qu'il rend visible l'énergie) et d'outil de dessin (en tant qu'il inscrit la forme), il existe un autre genre d'œuvres où à ces deux fonctions s'en ajoute une troisième, puisque le néon y est directement utilisé comme support d'écriture d'un mot suspendu dans l'espace, tel un concept spatial rendu visible. Reflet, qui se propose comme simultanément son être propre et son illustration, est l'une de ses œuvres.

Les Shrunken pieces résultent de la conservation d'une action produite par le temps sur un volume. On peut les interpréter comme des copeaux de temps solidifié, et leur modèle naturel est la feuille d'eucalyptus qui se rétracte. Conçues avec les matériaux les plus classiques de la sculpture (la cire et le bronze), elles fonctionnent à la fois comme anamnèse et comme méditation. Anamnèse, parce qu'elles renvoient à tout un registre d'objets spéculaires, à toute l'histoire complexe du couple moule/empreinte, et méditation, parce qu'elles résultent d'une opération de dépression intérieure à la forme, d'une sorte de travail de fatigue interne à la matière. Comment départager ce qui naît de ce qui meurt ?

On le voit, à chaque fois des problématiques qui sont celles de la science – ou plutôt qui se posent à partir de ce que les sciences mettent à jour – sont en quelque sorte "traduites" dans un langage formel adéquat – qui n'est ni celui de la démonstration pédagogique ni celui de l'arbitraire formel. Habiter l'espace autrement que n'importe comment et autrement que par fatalité, organiser la chorégraphie des coexistences et des états de forme dans un monde de flux permanents, c'est ainsi que l'on pourrait, à partir d'un simple échantillon, caractériser une entreprise dont la singularité, l'ampleur et la tenue exceptionnelles étaient aussitôt converties en joie pour ceux qui la côtoyaient.

Jean-Christophe Bailly

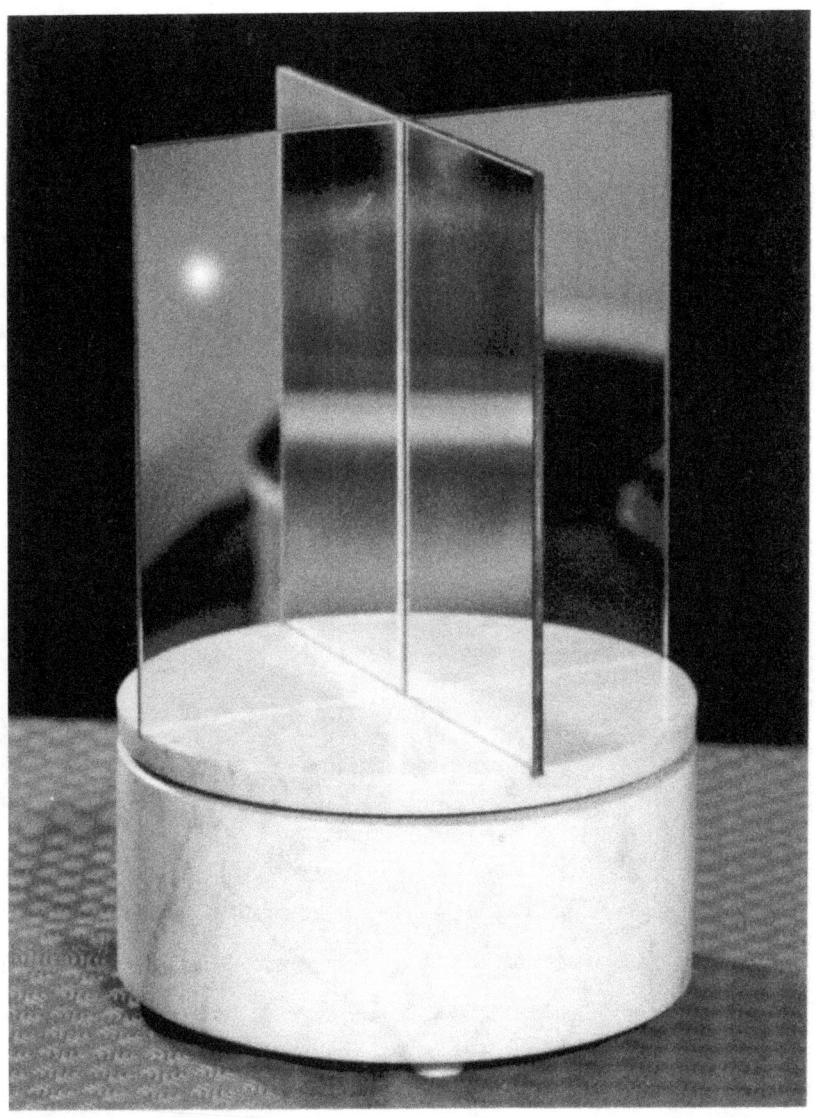

CAPÍTULO 19

IGNACIO "INDIO" FIGUEREDO

"En el llano no hay arriba y no hay abajo, ni antes ni después, cuando creo que estoy yendo puede ser que esté volviendo..." LAR, del poeta Sánchez Olivo y del cantar popular.

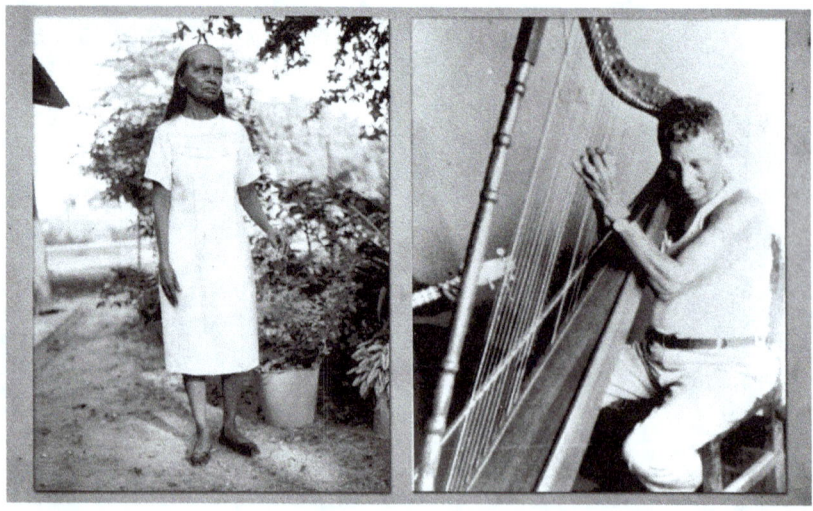

Ignacio "Indio" Figueredo es uno de los más importantes "harpistos" (así le dicen en el llano) de Venezuela. Tuve suerte porque me tocó hacer este documental financiado por el INCIBA. En esta foto con su musa Maria Laya.

Para realizar el guión me pasé, de dos tres semanas, en San Fernando de Apure. Esto fue una de las mejores decisiones que he podido hacer. Había que conocer al llano desde "dentro". La familia Figueredo vivían en San Fernando y tuve la posibilidad de conversar y convivir con todos ellos.

Me di cuenta que el "ciclo llanero" se repite cada año de manera parecida cerca de la misma época. Es entre la sequía y la inundación: dos caras de un clima. En una los animales mueren de sed y en la otra época nadan, para no ahogarse. Es un ciclo anual que ritma la vida y muerte en llano.

Al principio del documental vemos al "Indio" caminando al borde un lago que refleja el cielo como un espejo y contándole *"Si muchachito, yo nací con el siglo y tengo la misma edad que el. Te voy a contar como eran las cosas de antes y no te lo vayas a olvidar "un mañana"*.

El harpisto cuenta de su padre que *"era bandolista... no bandolero sino bandolinista"*. Su madre *"era mujer y hombre a la vez... dónde ponía el ojo ponía la bala...*

CAPÍTULO 20
PIERRE RENÉ DELOFFRE

Queremos hacer para hablar del personaje **Pierre René Deloffree**. Benita me contó que esa idea viene de un exprisionero Cayenero francés, un tal Pierre René Deloffre, [3]que se escapó de la prisión en la Cayena francesa, "**La Isla del Diablo**" y abrió en Caracas un restaurante/burdel que se llamaba "**Restaurante/Dancing La Suiza**", con la idea de restuarante hasta el anochecer, y luego burdel de prostitutas. El sitio estaba **de Cochera a Puente. Allí venía la "hi" de Caracas a comer francés. Deloffre había traído un cocinero chef del Hotel Paris de Montecarlo.** En "La Suiza" se comió por primera vez en un restaurante de Caracas: *soupe à l´oignon, Langouste Thermidor, Coq au vin", Caneton a L´Orange, Tournedos Grand Duc, Salade Rachel, La Coupe Delice.* Se tomaba ron y aguardiente.

Deloffre decía, *"El amor es como la ruleta, a veces se consigue invirtiendo y en otras oportunidades hay que tener mucho para tener algo".* Eso fue en los años 30.

Viajó durante su escape de la Isla del Diablo con un pasaporte argentino falso. Cuentan que tenía una zanja para meter lo muertos que él mataba. Dormía al lado de un pavo y de unos chivos. Luego consiguió puesto en el Hotel Morfeo, dónde durmió en sus brazos, por un tiempo.

---
[3] Libro de Oscar Yánez "Cosas de Caracas" – Ediciones Armitano 1967

Como había mucha sífilis, habia un tratamiento que lo llamaban "Seiscientos seis".

En Caracas, a pesar de ser un pequeño pueblo, el la montaña del Ávila había muchas serpientes, entre ellas **"la tigra mariposa"** que saltaba dos a tres metros para picarlo a uno. Habían venados y tigres.

Una mata que también conseguimos en San Salvador, se llama **"Mata de Hierro", por la dificultad de cortarla, pero ella sirve para puñales, entre otras cosas.**

Deloffre, fue entre otras cosas, productor de óperas. La primera que produjo fue "Rigoletto" con María Maldi, como soprano, y Blaska, bailarina rusa.

Un día Deloffre vió algo que brillaba y lo recogió. Resultó ser un "mediecito" que guardaría como buena suerte en su cartera mientras hizo negocios.

Cuentan igualmente que un día llegó un señor bien vestido de un metro ochenta con intención de comprar el Hotel Royal de Caracas. El hombre le dijo al propietario *"Se lo compro"* **a lo que le contestó al propietario,** *"No"* **. El comprador sacó una pistola y le disparó al propietario, atravesando a la vez un espejo de pie que se encontraba detrás del propietario. Dicen que los espejos...**

Libro escrito y diseñado

por

Luis Armando Roche Dugand © Febrero 15, 2018

Dedicado a su esposa Marie-Françoise Barré de Roche

Letra usada en el libro: Georgia Normal

Impreso por CreateSpace,

una Sub-división de amazon.com

ISBN-13: 978-1985 823 075

ISBN- 10: 198 582 3071

Title ID : 8174991

Este libro es vendido por CreateSpace y amazon.com

www.ingramcontent.com/pod-product-compliance
Lightning Source LLC
Chambersburg PA
CBHW070145230526
45471CB00002B/522